3030
말하는 영단어장

3030 말하는 영단어장

저자_ 조영민

1판 1쇄 발행_ 2005. 5. 25.
1판 15쇄 발행_ 2017. 4. 11.

발행처_ 김영사
발행인_ 김강유

등록번호_ 제406-2003-036호
등록일자_ 1979. 5. 17.

경기도 파주시 문발로 197(문발동) 우편번호 10881
마케팅부 031)955-3100, 편집부 031)955-3250, 팩시밀리 031)955-3111

저작권자 ⓒ 2005 조영민
이 책의 저작권은 저자에게 있습니다. 저자와 출판사의 허락 없이
내용의 일부를 인용하거나 발췌하는 것을 금합니다.

Copyright ⓒ 2005 by Cho Young Min
All right reserved including the rights of reproduction
in whole or in part in any form. Printed in KOREA.

값은 뒤표지에 있습니다.
ISBN 978-89-349-1827-1 13740

독자의견 전화_ 031)955-3200
홈페이지_ http://www.gimmyoung.com   카페_ cafe.naver.com/gimmyoung
페이스북_ facebook.com/gybooks   이메일_ bestbook@gimmyoung.com

좋은 독자가 좋은 책을 만듭니다.
김영사는 독자 여러분의 의견에 항상 귀 기울이고 있습니다.

문장이 보이는 영단어 30일 프로젝트

3030
삼공삼공
말하는 영단어장

조영민 지음

김영사

10년 넘게 단어장을 옆에 끼고 살았는데
치매가 있는 것도 아니면서
외국인 앞에만 서면 알던 단어도 다 까먹는…

바로 당신에게 이 단어장을 바칩니다.

"단어공부를 따로 해야 하나?"

상당히 고민되는 질문이다.
단어만 따로 떼어서 암기하자니 회화나 작문에서 실제로 활용하기가 힘들고,
회화나 작문 쪽으로 발길을 돌리자니 얼마 못 가 단어라는 거대한 벽 앞에
무릎을 꿇게 되는 것이 현실이기 때문이다.

외국인과 영어로 대화를 나누다가 갑자기 말문이 막히면,
꼭 필요한 단어만 몇 개 나열해도 그만이다. 하지만 그 단어마저도 떠오르지 않는다면?
손짓, 발짓을 해서라도 뜻이 전달되면 다행이겠지만 꼭 그런 상황에서는
머릿속이 깜깜해지면서 온몸에 힘이 쭉 빠져버리지 않던가.
(물론 단어를 모른다면 상대방의 말을 알아듣는 것조차도 불가능하다.)

이렇듯 일정 수준 이상의 영어를 구사하기 위해 단어실력은 필수적이다.
하지만 단어장을 줄줄 외우고 다닌다고 해서 그것이 곧바로 실력향상으로 이어진다고 볼 수는 없다. 머릿속으로만 맴도는 단어들, 그 퍼즐조각을 정확히 끼워 맞출 만한 능력을 갖추지 못했기 때문이다. 지금까지의 단어장은 그저 '암기'를 위한 책일 뿐이다.

그렇다면 단어와 회화 그리고 작문을 동시에 해결할 방법은 없는 걸까…?

여기서부터 나의 고민은 시작됐다.
이 책에서 나는 그러한 고민 끝에 발견한 해결책을 독자들과 함께 나누고자 한다.

CONTENTS

Intro

1일차	사전은 잠시 접어두자. (▶merchant ▶▶convinced)	15
2일차	She like me? (▶accident ▶▶push)	21
3일차	문장으로 익히자. (▶mistake ▶▶range)	29
4일차	이 책의 값어치 (▶mind ▶▶answer)	37
5일차	복습? 하지 마라! (▶question ▶▶talent)	45
6일차	메일을 보내주세요. (▶admire ▶▶apology)	53
7일차	로또당첨금을 받으려면? (▶owe ▶▶gentle)	61
8일차	영어 잘하는 법 (▶ask ▶▶efficient)	69
9일차	적립금 영어 (▶secretary ▶▶stare)	77
10일차	3분의 1 (▶blank ▶▶weight)	85
11일차	It's up to you! (▶average ▶▶steal)	93
12일차	연습은 실전처럼! (▶wallet ▶▶protest)	101
13일차	말문이 막힐 땐? (▶crowd ▶▶gate)	109
14일차	욕심은 금물 (▶wrong ▶▶particular)	117
15일차	절반의 성공 (▶purpose ▶▶customer)	125

16일차	영어책 좀 추천해주실래요?(▶doubt▶▶special)	133
17일차	착각의 늪(▶delivery▶▶bend)	141
18일차	멀티플레이어가 되자.(▶wire▶▶property)	149
19일차	때로는 배짱으로!(▶private▶▶share)	157
20일차	습관 만들기(▶opinion▶▶abroad)	165
21일차	9090?(▶often▶▶scream)	173
22일차	조기 영어교육에 대하여(▶excitement▶▶serious)	181
23일차	아주 작은 차이(▶defect▶▶recently)	189
24일차	사라지지 않을 것들(▶promotion▶▶lawyer)	197
25일차	우리말의 중요성(▶anxious▶▶type)	205
26일차	진정한 어휘력이란?(▶divide▶▶chance)	213
27일차	라면 끓이기와 영어(▶slight▶▶amuse)	221
28일차	90%(▶joke▶▶enjoy)	229
29일차	마라토너처럼…(▶extreme▶▶satellite)	237
30일차	독자의 손끝에서 완성되는 책(▶launch▶▶discrimination)	245

INTRO

나에게는 이 책을 쓰게 된 결정적인 계기가 있었다.

그때의 기억은 2003년 여름, EBS 영어캠프로 거슬러 올라간다.
나는 보조교사(assistant)로 선발되어 참석하게 되었고, 운 좋게도 EBS 최고인기 강사인 아이작(Isaac)과 한 조를 이루어 활동하게 되었다. 보조교사의 역할은 참가자들을 안내하고 같은 조 원어민의 강의를 돕는 것이었다. 캠프 내에서의 규칙은 영어만을 사용할 것!
학교에서 원어민과의 수업시간에 농담도 곧잘 주고 받았던 나는 그다지 어려울 것이 없다고 생각했다. 그러나 내가 착각하고 있는 것이 하나 있었다. 학생이 수업내용을 잘 이해한다고 해서 교사의 자격이 있다고 할 수 없듯이, 내가 원어민의 수업에 학생으로 참여했던 것과 캠프 보조교사의 역할을 하는 것의 차이는 말 그대로 천지차이였기 때문이다.

캠프가 진행되면서 숙소문제부터 시작해서 환자처리와 분실사고 및 행사일정변경에 이르기까지 수많은 일들이 발생했고 그때마다 나는 진땀을 뺄 수밖에 없었다. 그 모든 문제에 대해 모든 참가자들이 이해할 때까지 설명을 한다는 건 결코 쉬운 일이 아니었기 때문이다. 예상치 못했던 일들이 생겨 당황했기 때문일 수도 있겠지만 무엇보다 가장 큰 이유는 단어의 문제였다. 내 의사를 충분히 전달할 수 있는 적절한 단어가 떠오르지 않아 대충 얼버무리기 일쑤였던 것이다. 캠프기간 내내 불편한 마음을 감출 수가 없었다.

그 사건을 계기로 나는 새롭게 단어공부를 결심하게 되었다. 하지만 처음 시작부터 난관에 부딪치게 되었다. 바로 내가 필요로 하는 부분을 채워 줄 만한 단어장이 없다는 것이 문제였다. 시중에 수많은 단어장이 쏟아져 나오고 있었지만 대부분 시험을 위한 것일 뿐, 정작 회화나 영작과 같은 실제 영어실력에 도움이 되는 단어장은 눈을 씻고 찾아봐도 없었다.

단어장의 예문은 대부분 필요 이상으로 길고 복잡했다. 게다가 예문에는 모르는 단어가 한두 개씩 포함되어 있기 마련이어서 사전을 따로 찾아봐야 하는 불편함마저 뒤따랐다. 그런 식으로는 능률이 오를 리가 없었다. 하지만 반대로 예문만 잘 활용한다면 학습능률을 높이면서, 영어 실력에도 큰 도움이 될 수 있을 거라는 가능성을 발견할 수 있었다. 그래서 나는, '회화나 작문에 직결되면서도 단어를 효과적으로 익힐 수 있는 그런 방법은 없을까?' 라는 고민을 시작했고, 결국 나름대로의 해결책을 찾아내게 되었다.

그 해결책은 다음과 같다.

첫째, 단어의 예문은 최대한 간단한 문장으로 이루어져야 한다.
단어를 익히는 것 만해도 머리가 아픈데 복잡한 문장구조까지 신경 써야 하나? 쉽게 이해하고 바로 활용할 수 있어야 한다.

둘째, 예문에는 학습한 단어 외에 모르는 단어가 나오지 않도록 해야 한다.
지금까지 배운 거 복습하기도 바쁜데 모르는 단어까지 나오면 머리만 아프다

셋째, 단어의 한글 뜻을 알려주기 전에 예문과 영영해석을 먼저 접하게 해야 한다.
원서 읽기가 단어실력에 도움이 되는 이유는 문맥을 통해 단어의 뜻을 미리 추측해볼 수 있기 때문이다. 스스로 고민해 본 내용은 쉽사리 잊혀지지 않는 법이다.

나는 두 번째로 지적한 내용 즉,

예문에는 학습한 단어 외에 모르는 단어가 나오지 않도록 하기 위해 획기적인 방법을 고안해냈다. 그건 바로 꼬리에 꼬리를 무는 방식을 사용하는 것이다.
예를 들어 1번 단어가 merchant, 2번 단어가 deal, 3번 단어가 theme일 경우

예문은 **1 merchant** [mə́:rtʃənt]
She is a <u>merchant</u>.
→ 처음 시작 문장

2 deal [di:l]
The <u>merchant deals</u> in fish.
→ 1번 단어(merchant)와 2번 단어(deals)로 이루어진 예문

3 theme [θi:m]
This book <u>deals</u> with many <u>themes</u>.
→ 2번 단어(deals)와 3번 단어(themes)로 이루어진 예문

**이렇게 예문 속의 단어가
꼬리에 꼬리를 물고 나타나는 방식이다.**

위와 같은 방식은

첫째, 예문에 대한 집중도를 높일 수 있고,

둘째, 한 단어마다 두개의 예문으로 구성되어 자동으로 한 번씩 복습하는 효과가 있으며

셋째, 두 단어가 어울린 문장을 쉽게 익힐 수 있다는 장점이 있다.

우리의 목표는 이 방법으로 하루에 15개씩의 단어와 예문을 완전한 '내 것' 으로 만드는 것이다. 단순히 단어의 뜻을 암기하는 정도로는 그 단어를 '내 것' 으로 만들었다고 볼 수 없다. 예문이 입에서 술술 나올 정도가 되어야 한다. 결코 어렵지 않다. 하루에 딱 30분만 투자해도 충분히 가능한 일이다.

30일 후에는 여러분의 입 속에서 영어단어가 펄펄 살아 날뛰게 될 것이다!

자, 그럼 이제
출발해보도록 하자.
Shall We Start?

▶merchant ▶▶convinced

사전은 잠시 접어두자.

이 책에서 처음부터 단어의 뜻을 알려주지 않고, 예문과 영영풀이를 앞쪽에 배치한 건 여러분들이 스스로 추측해볼 수 있는 기회를 제공하기 위함이다.
사전을 찾으려 하지 말고 예문 속에서 의미를 추측해보도록 하자. 고민을 많이 한 만큼 그 단어에 대한 기억은 더 깊숙이 자리 잡게 될 것이다.

이 책을 보는 동안만큼은 사전을 잠시 접어두어도 좋다.

DAY 1 일차

DAY 1

예문을 보고 단어의 의미를
추측해보자.

1. **merchant** [mə́ːrtʃənt]
   She is a merchant.

2. **deal** [diːl]
   The merchant deals in fish.

3. **theme** [θiːm]
   This book deals with many themes.

4. **heritage** [héritidʒ]
   The book's theme is 'heritage'.

5. **virtue** [və́ːrtʃuː]
   Father's virtue is the best heritage.

6. **patience** [péiʃəns]
   Patience is a virtue.

7. **conquer** [káŋkər, kɔ́ŋ-]
   Patience conquers the world.

8. **weakness** [wíːknis]
   I conquered my weakness.

9. **exhausted** [igzɔ́ːstid]
   He looks weak and exhausted.

10. **soil** [sɔil]
    The soil is exhausted.

11. **insect** [ínsekt]
    The insect lives on the soil.

12. **harmful** [háːrmfəl]
    Some insects are harmful.

13. **prove** [pruːv]
    It proved harmless.

14. **innocence** [ínəsns]
    I will prove my innocence.

15. **convinced** [kənvínst]
    I was convinced of her innocence.

16   3030 말하는 영단어장

DAY 1

영영풀이를 **천천히 읽어보며** 의미를 추측해보자.

1. a person whose job is to buy and sell products in large amounts

2. to do business with or be involved with someone or something

3. the subject of a book, film, speech, etc

4. the buildings, customs, etc which are important in a culture or a society because they have existed for a long time

5. behaviour that is morally good

6. the quality of being able to stay calm and not get angry

7. to take control of a country or to defeat people by war

8. when someone or something is not strong or powerful

9. extremely tired

10. the material on the surface of the ground in which plants grow; earth

11. a small creature with six legs, for example, a bee or a fly

12. causing or likely to cause harm

13. to show that something is true

14. when someone is not guilty of a crime

15. completely certain about something

DAY 1

앞에서 추측한 내용을
직접 확인해보자.

1. 상인, (특히) 무역 상인

2. 다루다, 취급하다, 거래하다

> 큰 거래(big deal)를 하려면 가격조정도 해야 하고 신경써야 할 일이 굉장히 많다. 그래서 흔히 It's no big deal.이라고 하면 '별거 아니야', '신경 쓸 필요 없어'라는 정도의 의미로 사용하게 된다.

3. 주제, 제목, 테마

4. 유산

5. 미덕, 덕행, 장점

6. 인내, 참을성

7. 정복하다, 극복하다

> **-ness** 형용사인 weak(약한)를 같은 의미의 명사로 사용하려면 뒤에 ness를 붙이게 된다.
> kind(친절한)-kind**ness**(친절함)
> polite(공손한)-polite**ness**(공손함)

8. 약함, 약점, 결점

9. 다 써 버린, 소모된, 고갈된, 기운이 빠진

10. 흙, 토양, 땅

11. 곤충

12. 해로운, 유해한

13. 증명하다, 판명하다

> **-less** 형용사를 명사로 만드는 -ness와는 달리 -less는 주로 명사를 형용사로 만드는 역할을 하게 된다.
> harm(해) - harm**less**(해가 없는)
> home(집) - home**less**(집이 없는)
> ★ '~이 없는'이라는 뜻으로 바뀐다는 점에 유의!

14. 무죄, 결백, 순수

15. 확신을 가진, 신념이 있는

DAY 1

눈으로만 확인하면 아무 소용이 없다.
큰 소리로 읽어보자!

그녀는 상인이다.	▶ She is a merchant.
그 상인은 생선을 취급한다.	▶ The merchant deals in fish.
이 책은 다양한 주제를 다루고 있다.	▶ This book deals with many themes.
이 책의 주제는 '상속'이다.	▶ The book's theme is 'heritage'.
아버지의 덕행은 최고의 유산이다.	▶ Father's virtue is the best heritage.
인내는 미덕이다.	▶ Patience is a virtue.
인내는 세계를 정복한다.	▶ Patience conquers the world.
나는 내 약점을 극복했다.	▶ I conquered my weakness.
그는 힘이 없고 지쳐 보여요.	▶ He looks weak and exhausted.
땅이 기력을 소진했다.	▶ The soil is exhausted.
그 곤충은 땅 위에서 산다.	▶ The insect lives on the soil.
몇몇 곤충은 해롭다.	▶ Some insects are harmful.
그것은 해가 없다고 증명이 되었다.	▶ It proved harmless.
나는 내 결백을 증명할 것이다.	▶ I will prove my innocence.
나는 그녀의 결백을 확신했다.	▶ I was convinced of her innocence.

DAY 1

영작을 하고 있다는 기분으로 빈 칸을 채워보자.
연습문제

▶ 그녀는 상인이다. ▷ She is a _____.

▶ 그 상인은 생선을 취급한다. ▷ The _____ _____ in fish.

▶ 이 책은 다양한 주제를 다루고 있다. ▷ This book _____ with many _____.

▶ 이 책의 주제는 '상속' 이다. ▷ The book's _____ is '_____'.

▶ 아버지의 덕행은 최고의 유산이다. ▷ Father's _____ is the best _____.

▶ 인내는 미덕이다. ▷ _____ is a _____.

▶ 인내는 세계를 정복한다. ▷ _____ _____ the world.

▶ 나는 내 약점을 극복했다. ▷ I _____ my _____.

▶ 그는 힘이 없고 지쳐 보여요. ▷ He looks _____ and _____.

▶ 땅이 기력을 소진했다. ▷ The _____ is _____.

▶ 그 곤충은 땅 위에서 산다. ▷ The _____ lives on the _____.

▶ 몇몇 곤충은 해롭다. ▷ Some _____ are _____.

▶ 그것은 해가 없다고 증명이 되었다. ▷ It _____ _____.

▶ 나는 내 결백을 증명할 것이다. ▷ I will _____ my _____.

▶ 나는 그녀의 결백을 확신했다. ▷ I was _____ of her _____.

20 3030 말하는 영단어장

▶accident ▶▶ push

She like me?

실제로 영어를 말하거나 영작을 하다보면
초등학생들도 알고 있을법한 기본적인 것들을 실수하기 마련이다.

She like me.

혹시 위와 같은 문장을 말해놓고 얼굴을 붉힌 적은 없는가?

She는 3인칭 단수이기 때문에 현재시제를 표현하려면
like에 s를 붙여야 한다. 별것 아닌 것 같지만
의외로 틀리기 쉬운 부분이다.
(우리말에는 없는 규칙이기 때문이다.)

다시 한번 강조하건대, 이 책의 핵심은 예문이다.
단어가 예문 속에서 어느 위치에,
어떤 형태로 쓰이는지
정확히 확인해보길 바란다.

눈으로만 확인해서는 아무런 소용이 없다.
반드시 입으로 확인하자, 큰 소리로!

DAY 2 일차

DAY 2

예문을 보고 단어의 의미를
추측해보자.

1 accident [ǽksidənt]
She was convinced it was an accident.

2 traffic [trǽfik]
I was injured in a traffic accident.

3 interrupt [ìntərʌ́pt]
Traffic will be interrupted.

4 holiday [hálədèi, hɔ́lədèi]
I'm sorry to interrupt this holiday.

5 cancel [kǽnsəl]
I had to cancel my holiday.

6 contract [kɑ́ntrækt, kɔ́n-]
He cancelled the contract.

7 valid [vǽlid]
This contract is valid until 2005.

8 legal [líːgəl]
Is the contract legally valid?

9 acquire [əkwáiər]
I acquired the car legally.

10 reputation [rèpjətéiʃən]
He acquired a good reputation.

11 ruin [rúːin]
I just don't want to ruin my reputation.

12 couch [kautʃ]
The dog ruined my couch.

13 lean [liːn]
He leaned on the couch.

14 elbow [élbou]
I leaned my elbows on the table.

15 push [puʃ]
He pushed with his elbow.

DAY 2

영영풀이를 **천천히 읽어보며** 의미를 추측해보자.

1. something bad which happens that is not intended and which causes injury or damage

2. the cars, trucks, etc using a road

3. to stop someone while they are talking or doing something

4. a time when you do not have to go to work or school

5. to say that an event that was planned will not happen

6. an official agreement between two or more people

7. based on truth or reason; able to be accepted

8. allowed by the law

9. to get or gain something

10. the opinion that people have about someone or something

11. to spoil or destroy something completely

12. a long, comfortable piece of furniture that two or more people can sit on

13. to move or bend your body in a particular direction

14. the part in the middle of your arm where it bends

15. to move someone or something by pressing them

DAY 2

앞에서 추측한 내용을
직접 확인해보자.

1. (돌발) 사고, 재난; 재해

2. 교통(량), (사람·차의) 왕래

3. 방해하다, 중단하다

4. 휴일, 휴가

5. 취소하다

> cancel의 과거형은 canceled, cancelled 두 가지 형태 모두 가능하다. 미국식(canceled)과 영국식(cancelled)의 표기법 차이가 있을 뿐이다.

6. 계약, 약정, 계약서

7. 확실한, 정당한

8. 합법의, 정당한 |legally 합법적으로|

9. 손에 넣다, 획득하다

10. 평판, 명성

11. 몰락, 파멸, 파괴하다, 망쳐놓다

12. 소파

> 우리에겐 소파(sofa)가 더 익숙하지만 원어민들은 couch라는 단어를 즐겨 사용하니 잘 알아두도록 하자. (참고로 소파에 앉아 하루 종일 일없이 TV만 보는 사람을 일컬어 couch potato라고 한다.)

13. 기대다

14. 팔꿈치

15. 밀다

DAY 2

눈으로만 확인하면 아무 소용이 없다.
큰 소리로 읽어보자!

그는 그것이 사고였을 거라고 확신했다.	▶ She was convinced it was an accident.
교통사고로 다쳤어요.	▶ I was injured in a traffic accident.
교통이 두절될 것이다.	▶ Traffic will be interrupted.
휴일을 방해해서 죄송합니다.	▶ I'm sorry to interrupt this holiday.
휴가를 취소해야 했습니다.	▶ I had to cancel my holiday.
그는 그 계약을 파기했다.	▶ He cancelled the contract.
이 계약은 2005년까지 유효합니다.	▶ This contract is valid until 2005.
이 계약은 법적으로 합당합니까?	▶ Is the contract legally valid?
나는 그 차를 합법적으로 손에 넣었어.	▶ I acquired the car legally.
그는 아주 좋은 평판을 받았어요.	▶ He acquired a good reputation.
내 명성을 무너뜨리고 싶지 않아.	▶ I just don't want to ruin my reputation.
그 개가 소파를 엉망으로 만들었어.	▶ The dog ruined my couch.
그는 소파에 기댔다.	▶ He leaned on the couch.
나는 탁자에 두 팔꿈치를 기댔다.	▶ I leaned my elbows on the table.
그는 팔꿈치로 밀었다.	▶ He pushed with his elbow.

DAY 2
연습문제

영작을 하고 있다는 기분으로 빈 칸을 채워보자.

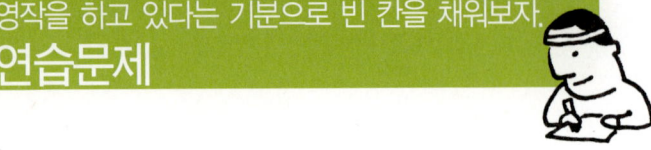

▶ 그는 그것이 사고였을 거라고 확신했다. ▷ She was _____ it was an _____.

▶ 교통사고로 다쳤어요. ▷ I was injured in a _____ _____.

▶ 교통이 두절될 것이다. ▷ _____ will be _____.

▶ 휴일을 방해해서 죄송합니다. ▷ I'm sorry to _____ this _____.

▶ 휴가를 취소해야 했습니다. ▷ I had to _____ my _____.

▶ 그는 그 계약을 파기했다. ▷ He _____ the _____.

▶ 이 계약은 2005년까지 유효합니다. ▷ This _____ is _____ until 2005.

▶ 이 계약은 법적으로 합당합니까? ▷ Is the contract _____ _____?

▶ 나는 그 차를 합법적으로 손에 넣었어. ▷ I _____ the car _____.

▶ 그는 아주 좋은 평판을 받았어요. ▷ He _____ a good _____.

▶ 내 명성을 무너뜨리고 싶지 않아. ▷ I just don't want to _____ my _____.

▶ 그 개가 소파를 엉망으로 만들었어. ▷ The dog _____ my _____.

▶ 그는 소파에 기댔다. ▷ He _____ on the _____.

▶ 나는 탁자에 두 팔꿈치를 기댔다. ▷ I _____ my _____ on the table.

▶ 그는 팔꿈치로 밀었다. ▷ He _____ with his _____.

DAY 2

이건 **복습**이다.
저번 시간에 했던 내용을 잘 **떠올려보자.**

▶ 그녀는 상인이다. ▷ She is a _____.

▶ 그 상인은 생선을 취급한다. (다룬다) ▷ The _____ _____ in fish.

▶ 이 책은 다양한 주제를 다루고 있다. ▷ This book _____ with many _____.

▶ 이 책의 주제는 '상속' 이다. ▷ The book's _____ is '_____'.

▶ 아버지의 덕행은 최고의 유산이다. ▷ Father's _____ is the best _____.

▶ 인내는 미덕이다. ▷ _____ is a _____.

▶ 인내는 세계를 정복한다. ▷ _____ _____ the world.

▶ 나는 내 약점을 극복했다. ▷ I _____ my _____.

▶ 그는 힘이 없고 지쳐 보여요. ▷ He looks _____ and _____.

▶ 땅이 기력을 소진했다. ▷ The _____ is _____.

▶ 그 곤충은 땅 위에서 산다. ▷ The _____ lives on the _____.

▶ 몇몇 곤충은 해롭다. ▷ Some _____ are _____.

▶ 그것은 해가 없다고 증명이 되었다. ▷ It _____ _____.

▶ 나는 내 결백을 증명할 것이다. ▷ I will _____ my _____.

▶ 나는 그녀의 결백을 확신했다. ▷ I was _____ of her _____.

2일차 **27**

mistake
▼
▼
range

▶mistake ▶▶range

문장으로 익히자.

토익성적 900점이 넘어도 외국인 앞에서 말 한마디 못하는 것은 단어의 뜻을 몰라서가 아니라 단어를 문장으로 말해본 적이 없기 때문이다. 단어를 조합해서 문장을 만들어내지 못한다면, 그 단어를 제대로 알고 있다고 할 수 없다.
이 책에는 한 단어 당 두개의 예문이 소개되어 있다.
예문을 말하고 영작할 수 있을 정도로 완벽하게 익히는 것이 이 책의 목적이다. 쉬운 단어일수록 더 자주 사용된다는 사실을 잊지 말자!

DAY 3 일차

DAY 3

예문을 보고 단어의 의미를
추측해보자.

1. **mistake** [mistéik]
   He pushed the button by mistake.

2. **occasion** [əkéiʒən]
   It's an occasional mistake.

3. **fit** [fit]
   It fits every occasion.

4. **position** [pəzíʃən]
   I think I'm fit for the position.

5. **temporary** [témpərèri, -rəri]
   Is it a temporary position?

6. **treatment** [trí:tmənt]
   It was only temporary treatment.

7. **dental** [déntl]
   I need dental treatment.

8. **appointment** [əpɔ́intmənt]
   I have a dental appointment.

9. **previous** [prí:viəs]
   Sorry, I have a previous appointment.

10. **click** [klik]
    Click the previous button.

11. **detail** [dí:teil, ditéil]
    Click here for more detail.

12. **explain** [ikspléin]
    I explained it in detail.

13. **decline** [dikláin]
    I declined to explain.

14. **price** [prais]
    The prices started to decline.

15. **range** [reindʒ]
    What is the price range?

DAY 3

영영풀이를 **천천히 읽어보며** 의미를 추측해보자.

1. something that you do or think which is wrong

2. a time when something happens

3. to be the right shape or size for someone or something

4. the way someone is sitting, standing, or lying

5. existing or happening for only a short or limited time

6. something that is done to cure someone who is injured or ill

7. relating to teeth

8. a time you have arranged to meet someone

9. existing or happening before something or someone else

10. to make a short, sharp sound

11. a fact or piece of information about something

12. to make something clear or easy to understand

13. If you decline something, you refuse it politely
    ; to become less in amount

14. the amount of money that you pay to buy something

15. the amount or number between a particular set of limits

DAY 3

앞에서 추측한 내용을
직접 확인해보자.

1. 잘못, 틀림, 실수

2. 경우, 때, 기회

3. 알맞다, 적합하다

> 옷이 잘 맞거나 어울린다고 할 때에도 fit을 사용한다. 참고로 상점에서 옷 갈아입는 곳을 fitting room이라고 한다.

4. 위치, 장소, 지위, 직책

5. 순간의, 임시의

6. 취급, 대우, 치료법

7. 치과의

> 치과의사는 dentist, 이빨사이를 정리하는 도구인 치실은 dental floss라고 부른다.

8. 약속

9. 앞의, 이전의

10. 클릭하다, 딸까닥 소리를 내다

11. 세부, 상세

12. 설명하다

13. 거절하다, 감퇴하다, 줄다

14. 가격, 물가

> 가격에 비해 품질이 좋은 경우엔, Good for the price. 라는 표현을 사용하자.

15. 범위

DAY 3

눈으로만 확인하면 아무 소용이 없다.
큰 소리로 읽어보자!

그는 실수로 그 버튼을 눌렀다.	▶ He pushed the button by mistake.
그것은 가끔 저지르는 실수다.	▶ It's an occasional mistake.
그것은 어느 경우에도 적합하다.	▶ It fits every occasion.
나는 내가 그 자리에 적임이라고 생각한다.	▶ I think I'm fit for the position.
임시직인가요?	▶ Is it a temporary position?
그건 임시처방일 뿐이었어요.	▶ It was only temporary treatment.
난 치과 치료를 받아야 해요.	▶ I need dental treatment.
치과진료 예약이 되어 있어요.	▶ I have a dental appointment.
미안하지만 선약이 있어요.	▶ Sorry, I have a previous appointment.
'←' 버튼을 누르세요.	▶ Click the previous button.
좀 더 자세한 내용을 원하시면 이곳을 클릭하세요.	▶ Click here for more detail.
나는 그것을 상세히 설명했다.	▶ I explained it in detail.
나는 설명하는 것을 거절했다.	▶ I declined to explain.
물가가 내려가기 시작했다.	▶ The prices started to decline.
가격대가 어떻게 되나요?	▶ What is the price range?

DAY 3

영작을 하고 있다는 기분으로 빈 칸을 채워보자.
연습문제

▶ 그는 실수로 그 버튼을 눌렀다. ▷ He _____ the button by _____.

▶ 그것은 가끔 저지르는 실수다. ▷ It's an _____ _____.

▶ 그것은 어느 경우에도 적합하다. ▷ It _____ every _____.

▶ 나는 내가 그 자리에 적임이라고 생각한다. ▷ I think I'm _____ for the _____.

▶ 임시직인가요? ▷ Is it a _____ _____?

▶ 그건 임시처방일 뿐이었어요. ▷ It was only _____ _____.

▶ 난 치과 치료를 받아야 해요. ▷ I need _____ _____.

▶ 치과진료 예약이 되어 있어요. ▷ I have a _____ _____.

▶ 미안하지만 선약이 있어요. ▷ Sorry, I have a _____ _____.

▶ '←' 버튼을 누르세요. ▷ _____ the _____ button.

▶ 좀 더 자세한 내용을 원하시면 이곳을 클릭하세요. ▷ _____ here for more _____.

▶ 나는 그것을 상세히 설명했다. ▷ I _____ it in _____.

▶ 나는 설명하는 것을 거절했다. ▷ I _____ to _____.

▶ 물가가 내려가기 시작했다. ▷ The _____ started to _____.

▶ 가격대가 어떻게 되나요? ▷ What is the _____ _____?

DAY 3

이건 **복습**이다.
저번 시간에 했던 내용을 잘 **떠올려보자.**

▶ 그는 그것이 사고였을 거라고 확신했다. She was _____ it was an _____.

▶ 교통사고로 다쳤어요. ▷ I was injured in a _____ _____.

▶ 교통이 두절될 것이다. ▷ _____ will be _____.

▶ 휴일을 방해해서 죄송합니다. ▷ I'm sorry to _____ this _____.

▶ 휴가를 취소해야 했습니다. ▷ I had to _____ my _____.

▶ 그는 그 계약을 파기했다. ▷ He _____ the _____.

▶ 이 계약은 2005년까지 유효합니다. ▷ This _____ is _____ until 2005.

▶ 이 계약은 법적으로 합당합니까? ▷ Is the contract _____ _____?

▶ 나는 그 차를 합법적으로 손에 넣었어. ▷ I _____ the car _____.

▶ 그는 아주 좋은 평판을 받았어요. ▷ He _____ a good _____.

▶ 내 명성을 무너뜨리고 싶지 않아. ▷ I just don't want to _____ my _____.

▶ 그 개가 소파를 엉망으로 만들었어. ▷ The dog _____ my _____.

▶ 그는 소파에 기댔다. ▷ He _____ on the _____.

▶ 나는 탁자에 두 팔꿈치를 기댔다. ▷ I _____ my _____ on the table.

▶ 그는 팔꿈치로 밀었다. ▷ He _____ with his _____.

mind
▼
▼
answer

▶mind ▶▶answer

이 책의 값어치

이 책이 얼마나 큰 값어치를 하게 되느냐는 전적으로 독자 여러분들에게 달려 있다.
일단 책을 손에 쥔 이상 손해 보는 장사는 하지 말자.
실업률이 솟구치고 경제가 곤두박질치는 이 시대에 책값에 투자를 했다면, 최소한 10배는 남겨야 하지 않겠는가!

DAY 4 일차

DAY 4

예문을 보고 단어의 의미를
추측해보자.

1 mind [maind]
What price range do you have in mind?

2 slip [slip]
It just slipped my mind.

3 careful [kéərfəl]
Be careful, the road is slippery.

4 examine [igzǽmin]
He examined the picture carefully.

5 equipment [ikwípmənt]
I examined the equipment.

6 prepare [pripɛ́ər]
Prepare your equipment.

7 presentation [prèzəntéiʃən]
I prepared my presentation.

8 exciting [iksáitiŋ]
The presentation was exciting.

9 moment [móumənt]
It is a very exciting moment.

10 pause [pɔːz]
I paused for a moment.

11 breath [breθ]
She paused for breath.

12 deep [diːp]
Take a deep breath.

13 waist [weist]
We were waist deep in the cold water.

14 below [bilóu]
Don't hit below the waist.

15 answer [ǽnsər, ɑ́ːn-]
The answer is below.

DAY 4

영영풀이를 **천천히 읽어보며** 의미를 추측해보자.

1. your thoughts or your ability to think

2. to slide by accident and fall or almost fall

3. giving a lot of attention

4. to look at someone or something very carefully

5. the tools, machines, clothes, etc that you need to do a particular job

6. to make something ready

7. formal talk in which you explain something to a group of people

8. making you feel very happy and interested

9. a very short period of time

10. to stop doing something for a short time

11. the air that comes out of your lungs

12. having a long distance from the top to the bottom

13. the part around the middle of your body where you wear a belt

14. in a lower position than someone or something

15. a spoken or written reply to a question

DAY 4

앞에서 추측한 내용을
직접 확인해보자.

1. 마음, 기억

2. 미끄러지다

> 뭔가를 깜빡 잊었을 경우에도 slip이라는 단어를 사용한다. (머리속에 남아있지 않고 스르륵 빠져나갔으니까 ^^)
> 현금인출기(ATM)에서 미끄러지듯 빠져나오는 얇은 종이 영수증도 slip이라고 부른다.
> 형용사형 - slippery

3. 주의깊은, 조심스러운

4. 검사하다, 조사하다

5. 장비

6. 준비하다

7. 발표

8. 흥분시키는

9. 순간, 찰나

10. 중단하다, 중지하다

11. 숨, 호흡

12. 깊은, 깊이가 있는

13. 허리

14. ~의 아래에

> That was below the belt!
> 누군가 비겁한 짓을 했을 때 사용하는 표현이다. 권투경기에서 벨트 아래쪽을 치는 반칙을 below the belt라고 부른다. 여기에서 유래된 것.

15. 대답, 응답

DAY 4

눈으로만 확인하면 아무 소용이 없다.
큰 소리로 읽어보자!

어느 정도의 가격대를 생각하고 계세요?	▶ What price range do you have in mind?
그걸 깜빡 잊었어요.	▶ It just slipped my mind.
조심해, 길이 미끄러워.	▶ Be careful, the road is slippery.
그는 그 그림을 자세히 들여다보았다.	▶ He examined the picture carefully.
나는 그 장비를 유심히 살펴보았다.	▶ I examined the equipment.
네 장비를 준비해 놓아라.	▶ Prepare your equipment.
나는 발표를 준비했다.	▶ I prepared my presentation.
그 발표는 꽤 흥미로웠어.	▶ The presentation was exciting.
정말 흥미진진한 순간이야.	▶ It is a very exciting moment.
나는 잠시 동안 멈추었다.	▶ I paused for a moment.
그녀는 숨을 쉬기 위해 멈추었다.	▶ She paused for breath.
숨을 깊이 들이마셔.	▶ Take a deep breath.
우리는 허리까지 오는 차가운 물속에 있었다.	▶ We were waist deep in the cold water.
허리 아래쪽은 때리지 마라.	▶ Don't hit below the waist.
답은 아래에 있습니다.	▶ The answer is below.

DAY 4

영작을 하고 있다는 기분으로 빈 칸을 채워보자.
연습문제

▶ 어느 정도의 가격대를 생각하고 계세요? ▷ What price _____ do you have in _____ ?

▶ 그걸 깜빡 잊었어요. ▷ It just _____ my _____ .

▶ 조심해, 길이 미끄러워. ▷ Be _____ , the road is _____ .

▶ 그는 그 그림을 자세히 들여다보았다. ▷ He _____ the picture _____ .

▶ 나는 그 장비를 유심히 살펴보았다. ▷ I _____ the _____ .

▶ 네 장비를 준비해 놓아라. ▷ _____ your _____ .

▶ 나는 발표를 준비했다. ▷ I _____ my _____ .

▶ 그 발표는 꽤 흥미로웠어. ▷ The _____ was _____ .

▶ 정말 흥미진진한 순간이야. ▷ It is a very _____ .

▶ 나는 잠시 동안 멈추었다. ▷ I _____ for a _____ .

▶ 그녀는 숨을 쉬기 위해 멈추었다. ▷ She _____ for _____ .

▶ 숨을 깊이 들이마셔. ▷ Take a _____ .

▶ 우리는 허리까지 오는 차가운 물속에 있었다. ▷ We were _____ in the cold water.

▶ 허리 아래쪽은 때리지 마라. ▷ Don't hit _____ the _____ .

▶ 답은 아래에 있습니다. ▷ The _____ is _____ .

DAY 4

이건 **복습**이다.
저번 시간에 했던 내용을 잘 **떠올려보자.**

▶ 그는 실수로 그 버튼을 눌렀다. ▷ He _____ the button by _____.

▶ 그것은 가끔 저지르는 실수다. ▷ It's an _____ _____.

▶ 그것은 어느 경우에도 적합하다. ▷ It _____ every _____.

▶ 나는 내가 그 자리에 적임이라고 생각한다. ▷ I think I'm _____ for the _____.

▶ 임시직인가요? ▷ Is it a _____ _____?

▶ 그건 임시처방일 뿐이었어요. ▷ It was only _____ _____.

▶ 난 치과 치료를 받아야 해요. ▷ I need _____ _____.

▶ 치과진료 예약이 되어 있어요. ▷ I have a _____ _____.

▶ 미안하지만 선약이 있어요. ▷ Sorry, I have a _____ _____.

▶ '←' 버튼을 누르세요. ▷ _____ the _____ button.

▶ 좀 더 자세한 내용을 원하시면 이곳을 클릭하세요. ▷ _____ here for more _____.

▶ 나는 그것을 상세히 설명했다. ▷ I _____ it in _____.

▶ 나는 설명하는 것을 거절했다. ▷ I _____ to _____.

▶ 물가가 내려가기 시작했다. ▷ The _____ started to _____.

▶ 가격대가 어떻게 되나요? ▷ What is the _____ _____?

question
▼
▼
talent

▶question ▶▶talent

복습? 하지 마라!

복습에 대한 부담은 절대 사절이다. 물론 시간이야 많이 투자할수록 좋겠지만, 복습이 부담으로 다가오는 순간 이 책에는 점점 먼지가 쌓여가게 될 것이 분명하기 때문이다.
언어학습은 꾸준히 오랜 기간 이루어져야 하는 것이지, 시험성적 올리듯 짧은 기간 많은 시간을 투자한다고 해서 해결되는 것이 아니다.
단, 우리가 약속한 30분만큼은 딴 것에 신경 쓰지 말고 오로지 15개의 단어와 예문에만 집중하도록 하자! 30분의 시간은 결코 짧은 시간이 아니다.
하루에 30분씩 영어를 읽고 말하는 습관, 그것 하나를 익히는 것만으로도 이 책의 가치는 다한 것이나 다름없다.

DAY 5 일차

DAY 5

예문을 보고 단어의 의미를
추측해보자.

1 question [kwéstʃən]
Does that answer your question?

2 solve [sɑlv, sɔlv]
Can anyone solve this question?

3 riddle [rídl]
I can solve the riddle!

4 trick [trik]
This riddle is tricky.

5 trade [treid]
There are tricks in every trade.

6 fair [fɛər]
It was a fair trade.

7 strategy [strǽtədʒi]
In love and war, every strategy is fair.

8 brilliant [bríljənt]
Some people think it's a brilliant strategy.

9 scholar [skɑ́lər, skɔ́l-]
She became a brilliant scholar.

10 weird [wiərd]
The scholar is so weird.

11 arrest [ərést]
The weird woman was arrested.

12 criminal [krímənəl]
I arrested the criminal.

13 involve [invɑ́lv, -vɔ́lv]
He was involved in that crime.

14 athlete [ǽθli:t]
The athlete is too deeply involved.

15 talent [tǽlənt]
He is a talented athlete.

DAY 5

영영풀이를 **천천히 읽어보며** 의미를 추측해보자.

1. a sentence that asks you for information

2. to find the answer to something

3. a difficult question that has a humorous or clever answer

4. something you do to cheat someone

5. the buying and selling of large numbers of things

6. treating everyone in a reasonable, equal way

7. the act of planning how to achieve something

8. very good

9. someone who knows a lot about a particular subject

10. very strange

11. if the police arrest someone, they take them away to ask them about a crime

12. someone who is connected with crime (crime - illegal activities)

13. to include someone or something in an activity

14. someone who is very good at a sport

15. a natural ability to do something

DAY 5

앞에서 추측한 내용을
직접 확인해보자.

1. 질문, 물음

   > 질문과 답변이라는 의미로 사용되는 Q&A는 **Question and Answer**의 줄임말이다.

2. 풀다, 해결하다

3. 수수께끼

4. 속임수, 요령

5. 무역, 매매

6. 공평한, 정당한

7. 전략, 작전

8. 훌륭한, 뛰어난

9. 학자, 학식이 있는 사람

   > 장학금은 영어로 **scholarship**이라 한다.
   > I got a scholarship.
   > (나 장학금 받았어.)

10. 기묘한, 이상한

11. 체포하다, 저지하다

12. 범인, 범죄의 (crime 죄, 범죄)

13. 연루시키다, 말려들게 하다

14. 운동선수

    > 무좀을 영어로 뭐라고 할까? 정답은 **athlete foot**이다. 무좀균이 가장 좋아하는 게 습기라고 하니 땀을 많이 흘리는 운동선수의 발(athlete foot)과 무좀을 연관지은 것도 큰 무리는 아닌 것 같다.

15. (타고난) 재능, 재주

DAY 5

눈으로만 확인하면 아무 소용이 없다.
큰 소리로 읽어보자!

그것으로 답변이 되었나요?	▶ Does that answer your question?
이 문제를 풀 수 있는 사람 있어요?	▶ Can anyone solve this question?
나는 그 수수께끼를 풀 수 있어.	▶ I can solve the riddle!
이 수수께끼에는 함정이 있어.	▶ This riddle is tricky.
모든 장사에는 요령이 있다.	▶ There are tricks in every trade.
그건 공정한 거래였어.	▶ It was a fair trade.
사랑과 전쟁에는 모든 전략이 정당하다.	▶ In love and war, every strategy is fair.
몇몇 사람들은 그게 훌륭한 전략이라고 생각하고 있어.	▶ Some people think it's a brilliant strategy.
그녀는 뛰어난 학자가 되었다.	▶ She became a brilliant scholar.
그 학자는 좀 이상해. (괴짜야)	▶ The scholar is so weird.
그 이상한 여자는 체포되었다.	▶ The weird woman was arrested.
나는 그 범인을 체포했다.	▶ I arrested the criminal.
그는 그 사건에 연루되었었다.	▶ He was involved in that crime.
그 운동선수는 너무 깊게 관여되어 있어요.	▶ The athlete is too deeply involved.
그는 재능있는 운동선수야.	▶ He is a talented athlete.

DAY 5

영작을 하고 있다는 기분으로 빈 칸을 채워보자.
연습문제

▶ 그것으로 답변이 되었나요? ▷ Does that _____ your _____?

▶ 이 문제를 풀 수 있는 사람 있어요? ▷ Can anyone _____ this _____?

▶ 나는 그 수수께끼를 풀 수 있어. ▷ I can _____ the _____!

▶ 이 수수께끼에는 함정이 있어. ▷ This _____ is _____.

▶ 모든 장사에는 요령이 있다. ▷ There are _____ in every _____.

▶ 그건 공정한 거래였어. ▷ It was a _____ _____.

▶ 사랑과 전쟁에는 모든 전략이 정당하다. ▷ In love and war, every _____ is _____.

▶ 몇몇 사람들은 그게 훌륭한 전략이라고 생각하고 있어. ▷ Some people think it's a _____ _____.

▶ 그녀는 뛰어난 학자가 되었다. ▷ She became a _____ _____.

▶ 그 학자는 좀 이상해.(괴짜야) ▷ The _____ is so _____.

▶ 그 이상한 여자는 체포되었다. ▷ The _____ woman was _____.

▶ 나는 그 범인을 체포했다. ▷ I _____ the _____.

▶ 그는 그 사건에 연루되어 있었다. ▷ He was _____ in that _____.

▶ 그 운동선수는 너무 깊게 관여되어 있어요. ▷ The _____ is too deeply _____.

▶ 그는 재능 있는 운동선수야. ▷ He is a _____ _____.

DAY 5

이건 **복습**이다.
저번 시간에 했던 내용을 잘 **떠올려보자.**

▶ 어느 정도의 가격대를 생각하고 계세요? ▷ What price _____ do you have in ____?

▶ 그걸 깜빡 잊었어요. ▷ It just _____ my ____.

▶ 조심해, 길이 미끄러워. ▷ Be _____, the road is _____.

▶ 그는 그 그림을 자세히 들여다보았다. ▷ He _____ the picture _____.

▶ 나는 그 장비를 유심히 살펴보았다. ▷ I _____ the _____.

▶ 네 장비를 준비해 놓아라. ▷ _____ your _____.

▶ 나는 발표를 준비했다. ▷ I _____ my _____.

▶ 그 발표는 꽤 흥미로웠어. ▷ The _____ was _____.

▶ 정말 흥미진진한 순간이야. ▷ It is a very _____ _____.

▶ 나는 잠시 동안 멈추었다. ▷ I _____ for a _____.

▶ 그녀는 숨을 쉬기 위해 멈추었다. ▷ She _____ for _____.

▶ 숨을 깊이 들이마셔. ▷ Take a _____ _____.

▶ 우리는 허리까지 오는 차가운 물속에 있었다. ▷ We were _____ ____ in the cold water.

▶ 허리 아래쪽은 때리지 마라. ▷ Don't hit _____ the _____.

▶ 답은 아래에 있습니다. ▷ The _____ is _____.

admire
▼
▼
apology

▶admire ▶▶apology

메일을 보내주세요.

머리말에서도 소개를 해 놓았듯이 나는 기존 영어 단어장의 문제점을 발견하고 그것을 개선하기 위해 여러 가지 시도를 했다.
그렇지만 나는 이 책이 완벽한 책이라고 생각하지 않는다. 만약 이 책을 공부하면서 개선해야 할 점이나 문제점을 발견했다면 주저하지 말고 메일을 보내주시기 바란다. (senti79@naver.com)
이 책은 여러분의 것이고, 불만을 제기할 권리 역시 여러분에게 있기 때문이다. (칭찬의 메일도 환영이다 ^^)
항상 적극적으로 주인의식을 갖길 바란다.

DAY 6 일차

DAY 6

예문을 보고 단어의 의미를 **추측해보자.**

1. **admire** [ædmáiər, əd-]
   I admire his talent.

2. **praise** [preiz]
   It's nice to be praised and admired.

3. **deserve** [dizə́:rv]
   He doesn't deserve your praise.

4. **mercy** [mə́:rsi]
   They deserve no mercy.

5. **infinity** [infínəti]
   God's infinite mercy.

6. **universe** [jú:nəvə̀:rs]
   The universe is infinite.

7. **create** [kri:éit]
   Do you believe God created the universe?

8. **according** [əkɔ́:rdiŋ]
   According to the Bible, God created the world.

9. **convenience** [kənví:njəns]
   Do the work according to your convenience.

10. **opposite** [ápəzit, -sit, ɔ́p-]
    There's a convenience store opposite the street.

11. **complete** [kəmplí:t]
    He was complete opposite of me.

12. **agree** [əgrí:]
    I agree completely.

13. **proposal** [prəpóuzəl]
    I agree to your proposal.

14. **accept** [æksépt]
    Will he accept my proposal?

15. **apology** [əpálədʒi, əpɔ́l-]
    Please accept my apology.

DAY 6

영영풀이를 **천천히 읽어보며** 의미를 추측해보자.

1. to respect of someone or something

2. to say that they are very good

3. if you deserve something, it is right that you get it

4. kindness that makes you forgive someone

5. time or space that has no end

6. everything that exists, including stars, space, etc

7. to make something exist

8. (according to) as said by someone or shown by something

9. when something is easy to use

10. in a position facing something or someone but on the other side

11. very great or to the largest degree possible

12. to have the same opinion

13. a suggestion for a plan

14. to take something that someone offers you

15. something you say or write to say that you are sorry

DAY 6
앞에서 추측한 내용을
직접 확인해보자.

1. 감탄하다, 존경하다

2. 칭찬하다, 찬양하다

3. ~할 만하다, ~할 가치가 있다

> You deserve it.이라고 하면 "넌 그럴만한 자격이 있어"라는 긍정적인 의미도 되지만, "고거 쌤통이다."라고 비꼬는 의미가 되기도 한다. '안 좋은 일이 생길만한 짓을 했으니까 그런 일이 생긴 거지'라는 의미가 되기 때문이다.

4. 자비, 연민

5. 무한대

6. 우주

7. 창조하다, 만들어내다

8. ~에 따라서, ~에 따르면

9. 편리, 편의

10. 마주보고 있는, 맞은 편의, 정반대의

11. 완전한, 완벽한

12. 동의하다, 의견이 맞다

13. 제안, 제의, 계획

> 우리가 흔히 '프로포즈 하다'라는 표현을 사용해서 propose를 명사로 생각하는 경우가 많은데 propose는 '제안하다'라는 의미의 동사이다.

14. 받아들이다, 수락하다

15. 사과, 사죄

DAY 6

눈으로만 확인하면 아무 소용이 없다.
큰 소리로 읽어보자!

나는 그의 재능에 감탄해.	▶ I admire his talent.
칭찬 받는 것과 존경을 받는 것은 좋은 일이야.	▶ It's nice to be praised and admired.
그는 당신의 칭찬을 들을 자격이 없어.	▶ He doesn't deserve your praise.
그들은 자비를 받을 가치가 없어.	▶ They deserve no mercy.
신의 무한한 자비.	▶ God's infinite mercy.
우주는 무한하다.	▶ The universe is infinite.
당신은 신이 우주를 창조했다는 것을 믿나요?	▶ Do you believe God created the universe?
성경에 따르면 신이 세상을 창조했다.	▶ According to the Bible, God created the world.
그 일을 당신이 편리한 대로 하십시오.	▶ Do the work according to your convenience.
길 건너편에 편의점이 있어.	▶ There's a convenience store opposite the street.
그는 나와 정반대였다.	▶ He was complete opposite of me.
나는 완전히 동의합니다.	▶ I agree completely.
나는 너의 제안에 동의한다.	▶ I agree to your proposal.
그가 나의 제의를 받아들일까요?	▶ Will he accept my proposal?
저의 사과를 받아 주세요.	▶ Please accept my apology.

DAY 6

영작을 하고 있다는 기분으로 빈 칸을 채워보자.
연습문제

▶ 나는 그의 재능에 감탄해. ▷ I _____ his _____.

▶ 칭찬 받는 것과 존경을 받는 것은 좋은 일이야. ▷ It's nice to be _____ and _____.

▶ 그는 당신의 칭찬을 들을 자격이 없어. ▷ He doesn't _____ your _____.

▶ 그들은 자비를 받을 가치가 없어. ▷ They _____ no _____.

▶ 신의 무한한 자비. ▷ God's _____ _____.

▶ 우주는 무한하다. ▷ The _____ is _____.

▶ 당신은 신이 우주를 창조했다는 것을 믿나요? ▷ Do you believe God _____ the _____?

▶ 성경에 따르면 신이 세상을 창조했다. ▷ _____ to the Bible, God _____ the world.

▶ 그 일을 당신이 편리한 대로 하십시오. ▷ Do the work _____ to your _____.

▶ 길 건너편에 편의점이 있어. ▷ There's a _____ store _____ the street.

▶ 그는 나와 정반대였다. ▷ He was _____ _____ of me.

▶ 나는 완전히 동의합니다. ▷ I _____ _____.

▶ 나는 너의 제안에 동의한다. ▷ I _____ to your _____.

▶ 그가 나의 제의를 받아들일까요? ▷ Will he _____ my _____?

▶ 저의 사과를 받아 주세요. ▷ Please _____ my _____.

DAY 6

이건 **복습**이다.
저번 시간에 했던 내용을 잘 **떠올려보자.**

▶ 그것으로 답변이 되나요? ▷ Does that _____ your _____?

▶ 이 문제를 풀 수 있는 사람 있어요? ▷ Can anyone _____ this _____?

▶ 나는 그 수수께끼를 풀 수 있어. ▷ I can _____ the _____!

▶ 이 수수께끼에는 함정이 있어. ▷ This _____ is _____.

▶ 모든 장사에는 요령이 있다. ▷ There are _____ in every _____.

▶ 그건 공정한 거래였어. ▷ It was a _____ _____.

▶ 사랑과 전쟁에는 모든 전략이 정당하다. ▷ In love and war, every _____ is _____.

▶ 몇몇 사람들은 그게 훌륭한 전략이라고 생각하고 있어. ▷ Some people think it's a _____ _____.

▶ 그녀는 뛰어난 학자가 되었다. ▷ She became a _____ _____.

▶ 그 학자는 좀 이상해. (괴짜야) ▷ The _____ is so _____.

▶ 그 이상한 여자는 체포되었다. ▷ The _____ woman was _____.

▶ 나는 그 범인을 체포했다. ▷ I _____ the _____.

▶ 그는 그 사건에 연루되어 있었다. ▷ He was _____ in that _____.

▶ 그 운동선수는 너무 깊게 관여되어 있어요. ▷ The _____ is too deeply _____.

▶ 그는 재능 있는 운동선수야. ▷ He is a _____ _____.

owe

▼

▼

gentle

▶owe ▶▶gentle

로또당첨금을 받으려면?

얼마 전에 로또에 관련된 뉴스를 보니 35회 차 1등 3명 중 1명은 50억 5400만원에 달하는 당첨금을 받아가지 않아 고스란히 정부기금이 되었다고 한다.
이미 당첨된 로또복권도 신문이나 인터넷을 뒤져 번호를 맞추어보는 최소한의 노력은 뒤따라야 하는 것이다.
어찌된 영문인지는 모르겠지만 그 억세게 운 좋았던 사람은 50억에 가까운 돈을 날려버렸다. 단지 번호를 확인하지 않았거나, 로또복권을 소홀히 취급했다는 이유만으로 말이다.
이 책을 구입한 여러분도 억세게 운이 좋기는 마찬가지다.
그러나 하루에 30분이라는 짧은 시간마저도 소홀히 여긴다면, 이 책의 내용은 그대로 무용지물이 되고 말 것이다.

DAY 7 일차

DAY 7

예문을 보고 단어의 의미를
추측해보자.

1. **owe** [ou]
   I owe her an apology.

2. **success** [səksés]
   I owe my success to her.

3. **failure** [féiljər]
   Failure teaches success.

4. **mathematics** [mæ̀θəmǽtiks]
   I failed mathematics.

5. **major** [méidʒər]
   I'm majoring in math.

6. **education** [èdʒukéiʃən]
   He majored in education.

7. **provide** [prəváid]
   The school provides a good education.

8. **goal** [goul]
   Our goal is to provide a good education.

9. **achieve** [ətʃíːv]
   I achieved my goal.

10. **sure** [ʃuər]
    I'm sure you will achieve.

11. **belong** [bilɔ́(ː)ŋ, -láŋ]
    Make sure to have all your belongings.

12. **local** [lóukəl]
    I belong to the local tennis club.

13. **expensive** [ikspénsiv]
    The local paper is expensive.

14. **quite** [kwait]
    That's quite expensive.

15. **gentle** [dʒéntl]
    You're quite a gentleman.

DAY 7

영영풀이를 천천히 읽어보며 의미를 추측해보자.

1. to have to give something to someone
2. when you achieve what you want to achieve
3. when someone or something does not succeed
4. the study of numbers and shapes (= math)
5. (major in) to study something as your main subject at a university
6. the process of teaching and learning in a school or college
7. to supply something to someone
8. something you want to do
9. to succeed in doing something good
10. certain that something is real, true, or correct
11. to be owned by someone | 명사 belonging |
12. relating to an area near you
13. costing a lot of money
14. to a large degree; very
15. calm, kind, or soft

DAY 7

앞에서 추측한 내용을 직접 확인해보자.

1. ~의 덕이다, 빚지다

   > I owe you. (나는 당신에게 빚을 졌습니다.)를 발음 나는 대로 줄여서 IOU로 표기하기도 한다.

2. 성공, 좋은 결과

3. 실패

4. 수학 (=math)

5. 전공하다 (major in)

   > 현재 자신의 전공에 대해 이야기할 때 My major is ~ 와 같은 표현을 가장 먼저 떠올리겠지만, 그 표현 이외에도 I'm majoring in ~ 과 같은 표현이 자주 사용되니 잘 알아두도록 하자.

6. 교육

7. 주다, 공급하다

8. 목표, 득점

9. 이루다, 달성하다

10. 틀림없는, 확실한

11. (~에) 속하다

    > belongings은 '소유물' 이라는 뜻

12. 지방의, 근거리의

13. 값비싼, 사치스러운

14. 꽤, 매우

15. 온화한, 점잖은, 상냥한

DAY 7

눈으로만 확인하면 아무 소용이 없다.
큰 소리로 읽어보자!

나는 그녀에게 사과할 일이 있다.	▶ I owe her an apology.
나의 성공은 그녀의 덕분입니다.	▶ I owe my success to her.
실패는 성공의 어머니.	▶ Failure teaches success.
수학시험에 낙방했어.	▶ I failed mathematics.
나는 수학을 전공하고 있어요.	▶ I'm majoring in math.
그는 교육학을 전공했다.	▶ He majored in education.
그 학교는 좋은 교육을 제공한다.	▶ The school provides a good education.
우리의 목표는 좋은 교육을 제공하는 것입니다.	▶ Our goal is to provide a good education.
나는 목표를 이루어냈다.	▶ I achieved my goal.
나는 네가 해낼 거라고 믿어.	▶ I'm sure you will achieve.
여러분의 물건을 확실히 챙기세요.	▶ Make sure to have all your belongings.
나는 지역 테니스 클럽에 소속되어 있다.	▶ I belong to the local tennis club.
그 지역 신문은 비싸다.	▶ The local paper is expensive.
그건 너무 비싸요.	▶ That's quite expensive.
당신은 정말 신사이시군요.	▶ You're quite a gentleman.

DAY 7 연습문제

영작을 하고 있다는 기분으로 빈 칸을 채워보자.

▶ 나는 그녀에게 사과할 일이 있다. ▷ I _____ her an _____.

▶ 나의 성공은 그녀의 덕분입니다. ▷ I _____ my _____ to her.

▶ 실패는 성공의 어머니. ▷ _____ teaches _____.

▶ 수학시험에 낙방했어. ▷ I _____ _____.

▶ 나는 수학을 전공하고 있어요. ▷ I'm _____ in _____.

▶ 그는 교육학을 전공했다. ▷ He _____ in _____.

▶ 그 학교는 좋은 교육을 제공한다. ▷ The school _____ a good _____.

▶ 우리의 목표는 좋은 교육을 제공하는 것입니다. ▷ Our _____ is to _____ a good education.

▶ 나는 목표를 이루어냈다. ▷ I _____ my _____.

▶ 나는 네가 해낼 거라고 믿어. ▷ I'm _____ you will _____.

▶ 여러분의 물건을 확실히 챙기세요. ▷ Make _____ to have all your _____.

▶ 나는 지역 테니스 클럽에 소속되어 있다. ▷ I _____ to the _____ tennis club.

▶ 그 지역 신문은 비싸다. ▷ The _____ paper is _____.

▶ 그건 너무 비싸요. ▷ That's _____ _____.

▶ 당신은 정말 신사이시군요. ▷ You're _____ a _____.

DAY 7

이건 **복습**이다.
저번 시간에 했던 내용을 잘 **떠올려보자.**

- ▶ 나는 그의 재능에 감탄해. ▷ I _____ his _____.

- ▶ 칭찬 받는 것과 존경을 받는 것은 좋은 일이야. ▷ It's nice to be _____ and _____.

- ▶ 그는 당신의 칭찬을 들을 자격이 없어. ▷ He doesn't _____ your _____.

- ▶ 그들은 자비를 받을 가치가 없어. ▷ They _____ no _____.

- ▶ 신의 무한한 자비. ▷ God's _____ _____.

- ▶ 우주는 무한하다. ▷ The _____ is _____.

- ▶ 당신은 신이 우주를 창조했다는 것을 믿나요? ▷ Do you believe God _____ the _____?

- ▶ 성경에 따르면 신이 세상을 창조했다. ▷ _____ to the Bible, God _____ the world.

- ▶ 그 일을 당신이 편리한 대로 하십시오. ▷ Do the work _____ to your _____.

- ▶ 길 건너편에 편의점이 있어. ▷ There's a _____ store _____ the street.

- ▶ 그는 나와 정반대였다. ▷ He was _____ _____ of me.

- ▶ 나는 완전히 동의합니다. ▷ I _____ _____.

- ▶ 나는 너의 제안에 동의한다. ▷ I _____ to your _____.

- ▶ 그가 나의 제의를 받아들일까요? ▷ Will he _____ my _____?

- ▶ 저의 사과를 받아 주세요. ▷ Please _____ my _____.

ask
▼
▼
efficient

▶ask ▶▶ efficient

영어 잘하는 법

이것만큼 뻔한 질문에 뻔한 답은 없을 것 같다.
물론 답은 '꾸준히 하다보면 된다'이다.
하지만 공부를 하다보면 아무리 굳게 다짐을 해도 며칠 안가 질리기 마련이다. 그럴 땐 어떻게 해야 할까?
복잡하게 생각하지 말고 책을 내려놓자. 하루 정도 쉬면 또 어떤가? 어차피 외국어 공부는 장기전인 걸. 너무 성급하게 생각하지 말자.
그 대신 팝송을 듣던지, 영화를 보던지 어떤 것이라도 좋으니 영어와 관련된 것을 즐겨보자!
단, 정해진 30분만큼은 정확히 지킬 것!
그리고 그날 하루만큼은 책을 가방이나 서랍 깊숙이 넣어두고 존재 자체를 잊어버리자. 쿨~ 하게
아는 단어가 나온다고 그냥 넘어가지 말고 예문을 눈여겨보자.

DAY 8 일차

DAY 8

예문을 보고 단어의 의미를
추측해보자.

1 ask [æsk, ɑ:sk]
She asked in a gentle voice.

2 autograph [ɔ́:təɡræf, -ɡrɑ̀:f]
People asked for her autograph.

3 rare [rɛər]
His autograph is very rare.

4 disease [dizí:z]
This is a rare disease.

5 suffer [sʌ́fər]
My grandfather suffers from disease.

6 headache [hédèik]
Many workers suffer from headache.

7 medicine [médəsən]
Is this medicine good for headache?

8 stomachache [stʌ́məkèik]
Do you have any medicine for a stomachache?

9 hurt [həːrt]
My stomach hurts.

10 knee [ni:]
How did you hurt your knee?

11 sore [sɔːr]
My knee is sore.

12 throat [θrout]
I have a sore throat.

13 clear [kliər]
He cleared his throat.

14 absolutely [ǽbsəlùːtli]
The sky is absolutely clear.

15 efficient [ifíʃənt]
"Is he that efficient?" "Absolutely!"

DAY 8

영영풀이를 천천히 읽어보며 의미를 추측해보자.

1. to say or write something in order to get an answer

2. a signature, esp. of a famous person

3. not common and therefore sometimes valuable

4. an illness or unhealthy condition in your body, especially one caused by infection

5. to experience physical or mental pain

6. pain inside your head

7. a substance used to cure an illness or injury

8. pain in your stomach (stomach - the organ where food is digested)

9. if a part of your body hurts, you feel pain in it

10. the middle part of your leg where it bends

11. painful, especially when touched

12. the back part of your mouth and the passages inside your neck

13. to remove all the objects

14. used to strongly agree with someone

15. working well and not wasting time or energy

DAY 8

앞에서 추측한 내용을
직접 확인해보자.

1. 묻다, 질문하다, 요구하다

2. 서명, 친필

3. 드문, 희귀한

> ache는 '아픔'을 뜻하는 단어이다. 이 단어와 신체의 일부를 뜻하는 단어가 만나면, head + ache = headache(두통) stomach + ache = stomachache(복통)과 같은 증상을 나타내는 단어가 된다.

4. 병, 질병

5. (고통 따위를) 겪다, 앓다

6. 두통

7. 약, 약물

8. 위통, 복통

9. 아프다, 다치게 하다

10. 무릎

11. 아픈, 따끔따끔 쑤시는

12. 목, 식도

13. 맑은, 깨끗한, 깨끗이 치우다, 맑게 하다

> clear는 형용사, 명사, 동사, 부사로 모두 쓰이면서도 아무런 형태의 변화가 없다는 것이 특징이다.

14. 절대적으로, 정말로

15. 능률적인, 효과적인, 유능한

DAY 8

눈으로만 확인하면 아무 소용이 없다.
큰 소리로 읽어보자!

그녀가 상냥하게 물어봤다.	▶ She asked in a gentle voice.
사람들은 그녀에게 사인을 부탁했다.	▶ People asked for her autograph.
그의 친필 사인은 매우 희귀하다.	▶ His autograph is very rare.
이건 매우 희귀한 병이야.	▶ This is a rare disease.
할아버지가 병을 앓고 계시다.	▶ My grandfather suffers from disease.
많은 근로자들이 두통으로 고생하고 있다.	▶ Many workers suffer from headache.
이 약 두통에 잘 들어요?	▶ Is this medicine good for headache?
배 아플 때 먹는 약 있어요?	▶ Do you have any medicine for a stomachache?
배가 아퍼.	▶ My stomach hurts.
어쩌다가 무릎을 다쳤어?	▶ How did you hurt your knee?
무릎이 쑤셔.	▶ My knee is sore.
목이 따끔따끔거려요.	▶ I have a sore throat.
그 사람은 목청을 가다듬었다.	▶ He cleared his throat.
하늘은 구름 한 점 없이 맑다.	▶ The sky is absolutely clear.
"그가 그렇게 유능한가요?" "물론이죠!"	▶ "Is he that efficient?" "Absolutely!"

DAY 8
영작을 하고 있다는 기분으로 빈 칸을 채워보자.
연습문제

▶ 그녀가 상냥하게 물어봤다. ▷ She _____ in a _____ voice.

▶ 사람들은 그녀에게 사인을 부탁했다. ▷ People _____ for her _____ .

▶ 그의 친필 사인은 매우 희귀하다. ▷ His _____ is very _____ .

▶ 이건 매우 희귀한 병이야. ▷ This is a _____ _____ .

▶ 할아버지가 병을 앓고 계시다. ▷ My grandfather _____ from _____ .

▶ 많은 근로자들이 두통으로 고생하고 있다. ▷ Many workers _____ from _____ .

▶ 이 약 두통에 잘 들어요? ▷ Is this _____ good for _____ ?

▶ 배 아플 때 먹는 약 있어요? ▷ Do you have any _____ for a _____ ?

▶ 배가 아퍼. ▷ My _____ _____ .

▶ 어쩌다가 무릎을 다쳤어? ▷ How did you _____ your _____ ?

▶ 무릎이 쑤셔. ▷ My _____ is _____ .

▶ 목이 따끔따끔거려요. ▷ I have a _____ _____ .

▶ 그 사람은 목청을 가다듬었다. ▷ He _____ his _____ .

▶ 하늘은 구름 한 점 없이 맑다. ▷ The sky is _____ _____ .

▶ "그가 그렇게 유능한가요?" "물론이죠!" ▷ "Is he that _____ ?" " _____ !"

DAY 8

이건 **복습**이다.
저번 시간에 했던 내용을 잘 **떠올려보자.**

▶ 나는 그녀에게 사과할 일이 있다. ▷ I _____ her an _____.

▶ 나의 성공은 그녀의 덕분입니다. ▷ I _____ my _____ to her.

▶ 실패는 성공의 어머니. ▷ _____ teaches _____.

▶ 수학시험에 낙방했어. ▷ I _____ _____.

▶ 나는 수학을 전공하고 있어. ▷ I'm _____ in _____.

▶ 그는 교육학을 전공했다. ▷ He _____ in _____.

▶ 그 학교는 좋은 교육을 제공한다. ▷ The school _____ a good _____.

▶ 우리의 목표는 좋은 교육을 제공하는 것입니다. ▷ Our _____ is to _____ a good education.

▶ 나는 목표를 이루어냈다. ▷ I _____ my _____.

▶ 나는 네가 해낼 거라고 믿어. ▷ I'm _____ you will _____.

▶ 여러분의 물건을 확실히 챙기세요. ▷ Make _____ to have all your _____.

▶ 나는 지역 테니스 클럽에 소속되어 있다. ▷ I _____ to the _____ tennis club.

▶ 그 지역 신문은 비싸다. ▷ The _____ paper is _____.

▶ 그건 너무 비싸요. ▷ That's _____ _____.

▶ 당신은 정말 신사이시군요. ▷ You're _____ a _____.

secretary

▼

▼

stare

▶secretary ▶▶stare

적립금 영어

인터넷 쇼핑몰에서 물건을 구입하면 적립금이 쌓인다. 구입가격의 3%~5%정도밖에 안되는 적은 금액이지만 결코 무시해선 안 된다. 일정기간 모은 적립금은 나중에 다른 물건을 살 때 할인을 받을 수 있고, 때로는 적립금만으로 물건 하나를 구입할 수도 있기 때문이다.
영어도 마찬가지인 것 같다.
공부하는 내용 중에 3% 내지 5% 정도만이 장기기억 속에 적립금처럼 차곡차곡 쌓인다고 보면 된다. 조급한 마음을 가져봤자 정신건강에만 해롭다.
이전에 공부한 거 기억이 안난다고 해서 스스로를 탓하거나 절망하지 말고, 좀 더 여유로운 마음을 가져보자.
꾸준히 하다보면 곧 자신도 모르는 사이에 실력이 부쩍 늘어있다는 것을 발견할 수 있을 것이다.

DAY 9 일차

DAY 9

예문을 보고 단어의 의미를
추측해보자.

1. **secretary** [sékrətèri, -tri]
He is an efficient secretary.

2. **president** [prézidənt]
He is a secretary to the president.

3. **resign** [rizáin]
I resigned as president.

4. **reject** [ridʒékt]
They rejected my resignation.

5. **offer** [ɔ́(:)fər, ɑ́f-]
She rejected my offer.

6. **insurance** [inʃúərəns]
They offer full medical insurance.

7. **health** [helθ]
I have health insurance.

8. **trouble** [trʌ́bəl]
I never have any trouble with my health.

9. **colleague** [káli:g, kɔ́l-]
He has troubles with colleagues.

10. **decision** [disíʒən]
Her colleagues agreed with her decision.

11. **delay** [diléi]
He delayed his decision.

12. **departure** [dipɑ́:rtʃər]
The departure is delayed about 10 minutes.

13. **forget** [fərgét]
Don't forget the departure time.

14. **cousin** [kʌ́zn]
Don't forget to call your cousin.

15. **stare** [stɛər]
My cousin stared at me.

DAY 9

영영풀이를 **천천히** 읽어보며 의미를 추측해보자.

1. someone who works in an office, and answering the telephone, etc

2. the person in charge of a company or organization

3. to officially leave your job or position | 명사 resignation |

4. to refuse to accept or agree with something

5. an act of saying that you are willing to do sth for sb or give sth to sb

6. an agreement in which you pay a company money and they pay your costs if you have an accident, injury, etc

7. the condition of your body

8. problems, difficulties, or worries

9. someone that you work with

10. a choice that you make after thinking carefully

11. to make something happen at a later time than originally planned

12. an act of leaving a place

13. not to remember to do something that you have to do

14. the child of your aunt or uncle

15. to look at someone or something for a long time

DAY 9

앞에서 추측한 내용을
직접 확인해보자.

1. 비서, 간사

2. 사장, 대통령

3. 사임하다, 그만두다, 포기하다 — **resignation** 사임 (resign의 명사형)

4. 거절하다

5. 제공하다, 제안하다; 제안

6. 보험

7. 건강

8. 문제, 고생, 걱정

9. 동료, 동업자 — 대학을 뜻하는 college와 혼동하지 않도록 주의하자.

10. 결심, 결정

11. 미루다, 연기하다, 늦추다

12. 출발

13. 잊다, 깜빡하다 — 물건을 잃어버렸다는 표현을 할 때에는 forget이 아니라 lose를 사용한다는 점에 유의! (과거형은 lost)

14. 사촌

15. 응시하다, 빤히 보다

DAY 9

눈으로만 확인하면 아무 소용이 없다.
큰 소리로 읽어보자!

그는 유능한 비서입니다.	▶ He is an efficient secretary.
그는 사장비서입니다.	▶ He is a secretary to the president.
나는 사장직에서 물러났다.	▶ I resigned as president.
그들은 내 사표를 받아들이지 않았다.	▶ They rejected my resignation.
그녀는 나의 제안을 거절했다.	▶ She rejected my offer.
그들은 전액 의료보험혜택을 제공합니다.	▶ They offer full medical insurance.
나는 의료보험에 들어 있습니다.	▶ I have health insurance.
저는 건강에 이상이 생긴 적이 없습니다.	▶ I never have any trouble with my health.
그는 동료들과 말썽을 빚고 있다.	▶ He has troubles with colleagues.
그녀의 동료들은 그녀의 결심에 찬성했다.	▶ Her colleagues agreed with her decision.
그는 결정을 미루었다.	▶ He delayed his decision.
출발이 약 10분간 지연됩니다.	▶ The departure is delayed about 10 minutes.
출발시간을 잊지 마세요.	▶ Don't forget the departure time.
당신 사촌에게 전화하는 것 잊지 마세요.	▶ Don't forget to call your cousin.
사촌이 나를 빤히 쳐다보았다.	▶ My cousin stared at me.

DAY 9

영작을 하고 있다는 기분으로 빈 칸을 채워보자.
연습문제

- ▶ 그는 유능한 비서입니다. ▷ He is an _____ _____.

- ▶ 그는 사장비서입니다. ▷ He is a _____ to the _____.

- ▶ 나는 사장직에서 물러났다. ▷ I _____ as _____.

- ▶ 그들은 내 사표를 받아들이지 않았다. ▷ They _____ my _____.

- ▶ 그녀는 나의 제안을 거절했다. ▷ She _____ my _____.

- ▶ 그들은 전액 의료보험혜택을 제공합니다. ▷ They _____ full medical _____.

- ▶ 나는 의료보험에 들어 있습니다. ▷ I have _____ _____.

- ▶ 저는 건강에 이상이 생긴 적이 없습니다. ▷ I never have any _____ with my _____.

- ▶ 그는 동료들과 말썽을 빚고 있다. ▷ He has _____ with _____.

- ▶ 그녀의 동료들은 그녀의 결심에 찬성했다. ▷ Her _____ agreed with her _____.

- ▶ 그는 결정을 미루었다. ▷ He _____ his _____.

- ▶ 출발이 약 10분간 지연됩니다. ▷ The _____ is _____ about 10 minutes.

- ▶ 출발시간을 잊지 마세요. ▷ Don't _____ the _____ time.

- ▶ 당신 사촌에게 전화하는 것 잊지 마세요. ▷ Don't _____ to call your _____.

- ▶ 사촌이 나를 빤히 쳐다보았다. ▷ My _____ _____ at me.

DAY 9

이건 **복습**이다.
저번 시간에 했던 내용을 잘 **떠올려보자.**

▶ 그녀가 상냥하게 물어봤다. ▷ She _____ in a _____ voice.

▶ 사람들은 그녀에게 사인을 부탁했다. ▷ People _____ for her _____.

▶ 그의 친필 사인은 매우 희귀하다. ▷ His _____ is very _____.

▶ 이건 매우 희귀한 병이야. ▷ This is a _____ _____.

▶ 할아버지가 병을 알고 계시다. ▷ My grandfather _____ from _____.

▶ 많은 근로자들이 두통으로 고생하고 있다. ▷ Many workers _____ from _____.

▶ 이 약 두통에 잘 들어요? ▷ Is this _____ good for _____?

▶ 배 아플 때 먹는 약 있어요? ▷ Do you have any _____ for a _____?

▶ 배가 아퍼. ▷ My _____ _____.

▶ 어쩌다가 무릎을 다쳤어? ▷ How did you _____ your _____?

▶ 무릎이 쑤셔. ▷ My _____ is _____.

▶ 목이 따끔따끔거려요. ▷ I have a _____ _____.

▶ 그 사람은 목청을 가다듬었다. ▷ He _____ his _____.

▶ 하늘은 구름 한 점 없이 맑다. ▷ The sky is _____ _____.

▶ "그가 그렇게 유능한가요?" "물론이죠!" ▷ "Is he that _____?" "_____!"

9일차 **83**

blank
▼
▼
weight

▶blank ▶▶ weight

3분의 1

벌써 이 책의 3분의 1분량에 이르렀다.
그러나 책의 진도와 상관없이 가장 중요한 건 지금 바로 이 순간이다.
어제까지 하루도 빼먹지 않고 잘 따라왔건, 그렇지 않고 땡땡이를 쳤건, 그건 전혀 문제가 안된다.
지금부터 30분. 한번 제대로 해보자.
오늘 하루만큼은 후회가 없도록 최선을 다해보는 거다.

DAY 10 일차

DAY 10

예문을 보고 단어의 의미를 **추측해보자.**

1. **blank** [blæŋk]
   He stared blankly.

2. **fill** [fil]
   Fill in the blank.

3. **application** [æplikéiʃən]
   Fill out the application first.

4. **loan** [loun]
   I filled the loan application.

5. **apply** [əplái]
   I'd like to apply for a loan.

6. **situation** [sìtʃuéiʃən]
   It doesn't apply in this situation.

7. **analyze** [ǽnəlàiz]
   First, analyze the situation.

8. **ingredient** [ingríːdiənt]
   I analyzed the ingredients.

9. **mix** [miks]
   Mix the ingredients.

10. **poison** [pɔ́izən]
    Somebody mixed poison with the water.

11. **plant** [plænt, plɑːnt]
    It's a poisonous plant.

12. **grow** [ɡrou]
    She grows plants.

13. **baker** [béikər]
    I'd like to be a baker when I grow up.

14. **increase** [inkríːs]
    The baker increased the speed.

15. **weight** [weit]
    I increased the weight.

DAY 10

영영풀이를 **천천히 읽어보며** 의미를 추측해보자.

1 showing no expression, understanding, or interest | 부사 **blankly** |

2 to make a container full

3 an official request for something

4 money that someone has borrowed

5 to ask officially for something

6 the set of conditions that exist at a particular time in a particular place

7 to examine the details of something carefully

8 one of the types of food you use to make a particular dish

9 to combine two or more substances so that they become a single substance

10 a substance that can make you ill or kill you | 형용사 **poisonous** |

11 a living thing that grows in soil, has leaves and roots

12 to develop and become bigger or taller as time passes

13 someone who makes and sells bread

14 to get bigger or to make something bigger in size or amount

15 how heavy someone or something is, wich can be measured in, for example, kilograms or pounds

DAY 10
앞에서 추측한 내용을 직접 확인해보자.

1. 공백의, 기입하지 않은; 무표정한, 멍한 | blankly 멍청히, 멍하니 |

2. 채우다

3. 신청, 지원(서)

4. 대출, 대여

5. 신청하다, 지원하다, 적용하다

6. 환경, 상황, 상태

   > 시트콤(sitcom)은 situation comedy의 줄임말이다. 즉, 상황에 초점에 맞추어 이야기를 끌어가며 그 속에서 웃음을 유발하는 코미디라 볼 수 있다.

7. 분석하다, 검토하다

8. 성분, 원료, 재료

9. 섞다, 혼합하다

10. 독, 독약 | poisonous 유독한 |

11. 식물, 풀

12. 성장하다, 자라다, 키우다

    > 성인을 grownup이라고도 부른다. (grown은 grow의 과거분사형)

13. 빵 굽는 사람, 제빵사

14. 늘리다, 증가하다

15. 무게, 중량

DAY 10

눈으로만 확인하면 아무 소용이 없다.
큰 소리로 읽어보자!

그는 멍하니 보았다.	▶ He stared blankly.
빈 칸을 채우시오.	▶ Fill in the blank.
우선 지원서를 작성하세요.	▶ Fill out the application first.
나는 대출 신청서를 작성했다.	▶ I filled the loan application.
대출 신청을 하고 싶습니다.	▶ I'd like to apply for a loan.
그것은 이 상황에서는 적용이 되지 않습니다.	▶ It doesn't apply in this situation.
우선, 상황을 분석하시오.	▶ First, analyze the situation.
나는 성분을 분석했다.	▶ I analyzed the ingredients.
재료를 섞으세요.	▶ Mix the ingredients.
누군가 그 물에 독을 섞었다.	▶ Somebody mixed poison with the water.
그것은 독이 있는 식물이다.	▶ It's a poisonous plant.
그녀는 화초를 가꾼다.	▶ She grows plants.
나는 어른이 되면 제빵사가 될 거예요.	▶ I'd like to be a baker when I grow up.
그 제빵사는 속도를 증가시켰다.	▶ The baker increased the speed.
나는 무게를 늘렸다.	▶ I increased the weight.

DAY 10

영작을 하고 있다는 기분으로 빈 칸을 채워보자.
연습문제

▶ 그는 멍하니 보았다. ▷ He _____ _____ .

▶ 빈 칸을 채우시오. ▷ _____ in the _____ .

▶ 우선 지원서를 작성하세요. ▷ _____ out the _____ first.

▶ 나는 대출 신청서를 작성했다. ▷ I filled the _____ _____ .

▶ 대출 신청을 하고 싶습니다. ▷ I'd like to _____ for a _____ .

▶ 그것은 이 상황에서는 적용이 되지 않습니다. ▷ It doesn't _____ in this _____ .

▶ 우선, 상황을 분석하시오. ▷ First, _____ the _____ .

▶ 나는 성분을 분석했다. ▷ I _____ the _____ .

▶ 재료를 섞으세요. ▷ _____ the _____ .

▶ 누군가 그 물에 독을 섞었다. ▷ Somebody _____ _____ with the water.

▶ 그것은 독이 있는 식물이다. ▷ It's a _____ _____ .

▶ 그녀는 화초를 가꾼다. ▷ She _____ _____ .

▶ 나는 어른이 되면 제빵사가 될 거예요. ▷ I'd like to be a _____ when I _____ up.

▶ 그 제빵사는 속도를 증가시켰다. ▷ The _____ _____ the speed.

▶ 나는 무게를 늘렸다. ▷ I _____ the _____ .

DAY 10

이건 **복습**이다.
저번 시간에 했던 내용을 잘 **떠올려보자.**

- ▶ 그는 유능한 비서입니다. ▷ He is an _____ _____.

- ▶ 그는 사장비서입니다. ▷ He is a _____ to the _____.

- ▶ 나는 사장직에서 물러났다. ▷ I _____ as _____.

- ▶ 그들은 내 사표를 받아들이지 않았다. ▷ They _____ my _____.

- ▶ 그녀는 나의 제안을 거절했다. ▷ She _____ my _____.

- ▶ 그들은 전액 의료보험혜택을 제공합니다. ▷ They _____ full medical _____.

- ▶ 나는 의료보험에 들어 있습니다. ▷ I have _____ _____.

- ▶ 저는 건강에 이상이 생긴적이 없습니다. ▷ I never have any _____ with my _____.

- ▶ 그는 동료들과 말썽을 빚고 있다. ▷ He has _____ with _____.

- ▶ 그녀의 동료들은 그녀의 결심에 찬성했다. ▷ Her _____ agreed with her _____.

- ▶ 그는 결정을 미루었다. ▷ He _____ his _____.

- ▶ 출발이 약 10분간 지연됩니다. ▷ The _____ is _____ about 10 minutes.

- ▶ 출발시간을 잊지 마세요. ▷ Don't _____ the _____ time.

- ▶ 당신 사촌에게 전화하는 것 잊지 마세요. ▷ Don't _____ to call your _____.

- ▶ 사촌이 나를 빤히 쳐다보았다. ▷ My _____ _____ at me.

average
▼
▼
steal

▶average ▶▶steal

It's up to you!

오늘은 이 공간에 원하는 내용을 써보자. 오늘 하루의 일기를 적어도, 새로운 계획을 적어도 좋다. 뭐든 상관 없다. 모든 것은 당신 하기에 달려 있다. 잊지 말자. 이 책의 활용도는 오로지 당신에게 달려 있다는 것을!

....

....

....

....

....

....

....

DAY 11 일차

DAY 11

예문을 보고 단어의 의미를
추측해보자.

1. **average** [ǽvəridʒ]
   She is average weight.

2. **rainfall** [réinfɔ̀:l]
   The rainfall is below the average.

3. **heavy** [hévi]
   There was a heavy rainfall last week.

4. **schedule** [skédʒu(:)l, ʃédju:l]
   I have a heavy schedule.

5. **fix** [fiks]
   I'll fix my schedule to yours.

6. **spend** [spend]
   I spent 300 dollars to fix my car.

7. **vacation** [veikéiʃən, və-]
   How did you spend your vacation?

8. **destination** [dèstənéiʃən]
   Here is my vacation destination.

9. **arrive** [əráiv]
   He arrived at his destination.

10. **goods** [gudz]
    The goods will arrive soon.

11. **order** [ɔ́:rdər]
    I ordered the goods.

12. **change** [tʃeindʒ]
    May I change my order?

13. **refund** [rí:fʌnd, ri:fʌ́nd]
    Would you like an exchange or refund?

14. **jewel** [dʒú:əl]
    The jewel is not refunded.

15. **steal** [sti:l]
    He stole my jewels.

DAY 11

영영풀이를 천천히 읽어보며 의미를 추측해보자.

1. around a usual or ordinary level or standard

2. the amount of rain that falls in a particular place at a particular time

3. large in amount or degree

4. a plan that gives events or activities

5. to repair something

6. to use money to buy or pay for something

7. a period of time when you do not work and you do things for enjoyment instead

8. the place where someone or something is going

9. to get to a place

10. things that are produced in order to be sold

11. to ask for a product to be made for you or delivered to you

12. to become different

13. to give money back to someone

14. a valuable stone that is used to make jewellery

15. to take something that belongs to someone else

DAY 11

앞에서 추측한 내용을
직접 확인해보자.

1. 평균, 보통

2. 강우량, 강수량

3. 무거운, 대량의, 격렬한 — 교통체증이 심하다는 것을 표현할 때도 heavy를 사용한다. Traffic was heavy. (교통체증이 심했어.)

4. 스케줄, 일정, 시간표

5. 고치다, 수리하다; 조정하다

6. 소비하다, 쓰다

7. 휴가

8. 목적지, 행선지, 도착지

9. 도착하다, 도달하다

10. 물건, 상품

11. 주문하다, 명령하다 — 기계가 고장 났을 때는 out of order라는 표현을 사용할 수 있다. My watch is out of order. (내 시계가 고장 났어요.)

12. 바꾸다, 변경하다, 고치다

13. 반환, 환불

14. 보석, 장신구

15. 훔치다, 도둑질하다 — 농구에서 상대방의 공을 가로채기 할 때도 steal이라는 단어를 사용한다.

DAY 11

눈으로만 확인하면 아무 소용이 없다.
큰 소리로 읽어보자!

그녀는 표준 체중입니다.	▶ She is average weight.
강우량이 평균보다 낮다.	▶ The rainfall is below the average.
지난주에 폭우가 내렸다.	▶ There was a heavy rainfall last week.
나는 계획이 꽉 짜여 있다.	▶ I have a heavy schedule.
제가 당신의 스케줄에 맞출게요.	▶ I'll fix my schedule to yours.
나는 내 차를 수리 하느라고 300달러를 썼다.	▶ I spent 300 dollars to fix my car.
휴가를 어떻게 보냈니?	▶ How did you spend your vacation?
여기가 제 휴가 목적지예요.	▶ Here is my vacation destination.
그는 목적지에 도착했다.	▶ He arrived at his destination.
물건이 곧 도착할 것이다.	▶ The goods will arrive soon.
나는 그 상품을 주문했다.	▶ I ordered the goods.
주문한 것을 바꿔도 되나요?	▶ May I change my order?
교환해 드릴까요, 환불해 드릴까요?	▶ Would you like an exchange or refund?
그 보석은 환불되지 않습니다.	▶ The jewel is not refunded.
그가 내 보석들을 훔쳐갔다.	▶ He stole my jewels.

DAY 11

영작을 하고 있다는 기분으로 빈 칸을 채워보자.
연습문제

▶ 그녀는 표준 체중입니다. ▷ She is _____ _____.

▶ 강우량이 평균보다 낮다. ▷ The _____ is below the _____.

▶ 지난주에 폭우가 내렸다. ▷ There was a _____ _____ last week.

▶ 나는 계획이 꽉 짜여 있다. ▷ I have a _____ _____.

▶ 제가 당신의 스케줄에 맞출게요. ▷ I'll _____ my _____ to yours.

▶ 나는 내 차를 수리 하느라고 300달러를 썼다. ▷ I _____ 300 dollars to _____ my car.

▶ 휴가를 어떻게 보냈니? ▷ How did you _____ your _____?

▶ 여기가 제 휴가 목적지예요. ▷ Here is my _____ _____.

▶ 그는 목적지에 도착했다. ▷ He _____ at his _____.

▶ 물건이 곧 도착할 것이다. ▷ The _____ will _____ soon.

▶ 나는 그 상품을 주문했다. ▷ I _____ the _____.

▶ 주문한 것을 바꿔도 되나요? ▷ May I _____ my _____?

▶ 교환해 드릴까요, 환불해 드릴까요? ▷ Would you like an _____ or _____?

▶ 그 보석은 환불되지 않습니다. ▷ The _____ is not _____.

▶ 그가 내 보석들을 훔쳐갔다. ▷ He _____ my _____.

DAY 11

이건 **복습**이다.
저번 시간에 했던 내용을 잘 **떠올려보자.**

▶ 그는 멍하니 보았다. ▷ He _____ _____.

▶ 빈 칸을 채우시오. ▷ _____ in the _____.

▶ 우선 지원서를 작성하세요. ▷ _____ out the _____ first.

▶ 나는 대출 신청서를 작성했다. ▷ I filled the _____ _____.

▶ 대출 신청을 하고 싶습니다. ▷ I'd like to _____ for a _____.

▶ 그것은 이 상황에서는 적용이 되지 않습니다. ▷ It doesn't _____ in this _____.

▶ 우선, 상황을 분석하시오. ▷ First, _____ the _____.

▶ 나는 성분을 분석했다. ▷ I _____ the _____.

▶ 재료를 섞으세요. ▷ _____ the _____.

▶ 누군가 그 물에 독을 섞었다. ▷ Somebody _____ _____ with the water.

▶ 그것은 독이 있는 식물이다. ▷ It's a _____ _____.

▶ 그녀는 화초를 가꾼다. ▷ She _____ _____.

▶ 나는 어른이 되면 제빵사가 될 거예요. ▷ I'd like to be a _____ when I _____ up.

▶ 그 제빵사는 속도를 증가시켰다. ▷ The _____ _____ the speed.

▶ 나는 무게를 늘렸다. ▷ I _____ the _____.

wallet
▼
▼
protest

▶wallet ▶▶protest

연습은 실전처럼!

문장을 읽을 때는 항상 외국인이 바로 앞에 있다고 상상을 해보도록 하자. 만약 그것이 어렵다면 거울을 보고 말하기를 시도해보자.
예문에 있는 단어를 조금씩 바꾸어가며 원하는 문장을 만들어보는 것도 좋은 방법이다.
좀 쑥스럽고 더듬거릴 수도 있겠지만, 반드시 거쳐야 할 하나의 과정일 뿐이니 실전이라 생각하고 연습하자.

DAY 12 일차

DAY 12

예문을 보고 단어의 의미를
추측해보자.

1 wallet [wɑ́lit, wɔ́l-]
I had my wallet stolen.

2 bring [briŋ]
I forgot to bring my wallet.

3 receipt [risíːt]
Did you bring the receipt?

4 keep [kiːp]
Keep the receipt.

5 valuable [vǽljuːəbəl, -ljəbəl]
Where do you keep your valuables?

6 experience [ikspíəriəns]
It was valuable experience.

7 wisdom [wízdəm]
Experience is the father of wisdom.

8 courage [kə́ːridʒ, kʌ́r-]
I admire your courage and wisdom.

9 lack [læk]
You are lacking in courage.

10 knowledge [nɑ́lidʒ, nɔ́l-]
He showed a lack of knowledge.

11 hungry [hʌ́ŋgri]
I'm hungry for knowledge.

12 horse [hɔːrs]
I'm so hungry I could eat a horse.

13 whistle [hwísəl]
I whistled to my horse.

14 referee [rèfəríː]
The referee whistled.

15 protest [prətést]
The player protested to the referee.

DAY 12

영영풀이를 **천천히 읽어보며** 의미를 추측해보자.

1 a small, flat container for paper money and credit cards

2 to take someone or something with you when you go somewhere

3 a piece of paper that proves that you have received goods or money

4 to continue to have something

5 worth a lot of money

6 knowledge or skill gained while doing a job

7 good sense and judgment, based especially on your experience of life

8 the ability to deal with dangerous or difficult situations

9 to not have or not have enough of sth that is needed or wanted

10 information and understanding that you have in your mind

11 wanting or needing food

12 a large animal with four legs, which people ride

13 to make a high sound by blowing air out through your lips

14 someone whose job is to make sure that players in a game obey the rules

15 to show that you disagree with something

DAY 12

앞에서 추측한 내용을
직접 확인해보자.

1. 지갑

   > wallet은 주로 남성의 지갑을 지칭할 때 쓰이고, 여성의 지갑이나 핸드백은 purse라는 단어를 사용한다.
   > ★ 바꾸어 사용해도 뜻은 통하겠지만 상당히 어색한 표현이 되므로 주의!

2. 가져오다

3. 영수증

4. 유지하다, 간직하다, 보관하다

5. 귀중한, 값비싼, 귀중품

6. 경험, 체험

   > 영미인들은 사랑니를 wisdom tooth라 부른다. 사랑니가 나올 때쯤이면 철이 들고 지혜를 갖출만한 나이가 되었다는 의미라고 한다.

7. 지혜, 슬기로움

8. 용기, 담력, 배짱

9. 부족, 결핍; 결핍되어 있다, 부족하다

10. 지식, 학식

11. 배고픈

12. 말

    > No horseplay.
    > 소란을 피우지 말라는 뜻으로 사용한다. 우리말의 '개판'과 비교되는 표현이다.

13. 휘파람, 호각; 휘파람을 불다, 호각을 불다

14. 주심, 심판

15. 항의하다, 저항하다, 이의를 제기하다

DAY 12

눈으로만 확인하면 아무 소용이 없다.
큰 소리로 읽어보자!

지갑을 도둑맞았어요.	▶ I had my wallet stolen.
지갑 가져오는 걸 잊었어요.	▶ I forgot to bring my wallet.
영수증 가져오셨나요?	▶ Did you bring the receipt?
영수증을 보관하세요.	▶ Keep the receipt.
귀중품을 어디에 보관하세요?	▶ Where do you keep your valuables?
그건 가치 있는 경험이었어.	▶ It was valuable experience.
경험은 지혜의 아버지.	▶ Experience is the father of wisdom.
너의 용기와 지혜에 감탄해.	▶ I admire your courage and wisdom.
너는 용기가 부족하다.	▶ You are lacking in courage.
그는 지식의 부족함을 보였다.	▶ He showed a lack of knowledge.
나는 지식에 굶주려 있다.	▶ I'm hungry for knowledge.
정말 배가 고파서 말이라도 잡아먹을 수 있을 거 같아.	▶ I'm so hungry I could eat a horse.
나는 휘파람을 불어서 내 말을 불렀다.	▶ I whistled to my horse.
심판이 호각을 불었다.	▶ The referee whistled.
그 선수가 그 심판에게 항의를 했다.	▶ The player protested to the referee.

DAY 12

영작을 하고 있다는 기분으로 빈 칸을 채워보자.
연습문제

▶ 지갑을 도둑맞았어요. ▷ I had my _____ _____.

▶ 지갑 가져오는 걸 잊었어요. ▷ I forgot to _____ my _____.

▶ 영수증 가져오셨나요? ▷ Did you _____ the _____?

▶ 영수증을 보관하세요. ▷ _____ the _____.

▶ 귀중품을 어디에 보관하세요? ▷ Where do you _____ your _____?

▶ 그건 가치 있는 경험이었어. ▷ It was _____ _____.

▶ 경험은 지혜의 아버지. ▷ _____ is the father of _____.

▶ 너의 용기와 지혜에 감탄해. ▷ I admire your _____ and _____.

▶ 너는 용기가 부족하다. ▷ You are _____ in _____.

▶ 그는 지식의 부족함을 보였다. ▷ He showed a _____ of _____.

▶ 나는 지식에 굶주려 있다. ▷ I'm _____ for _____.

▶ 정말 배가 고파서 말이라도 잡아먹을 수 있을 거 같아. ▷ I'm so _____ I could eat a _____.

▶ 나는 휘파람을 불어서 내 말을 불렀다. ▷ I _____ to my _____.

▶ 심판이 호각을 불었다. ▷ The _____ _____.

▶ 그 선수가 그 심판에게 항의를 했다. ▷ The player _____ to the _____.

DAY 12

이건 **복습**이다.
저번 시간에 했던 내용을 잘 **떠올려보자.**

▶ 그녀는 표준 체중입니다. ▷ She is _____ _____.

▶ 강우량이 평균보다 낮다. ▷ The _____ is below the _____.

▶ 지난주에 폭우가 내렸다. ▷ There was a _____ _____ last week.

▶ 나는 계획이 꽉 짜여 있다. ▷ I have a _____ _____.

▶ 제가 당신의 스케줄에 맞출게요. ▷ I'll _____ my _____ to yours.

▶ 나는 내 차를 수리 하느라고 300달러를 썼다. ▷ I _____ 300 dollars to _____ my car.

▶ 휴가를 어떻게 보냈니? ▷ How did you _____ your _____?

▶ 여기가 제 휴가 목적지예요. ▷ Here is my _____ _____.

▶ 그는 목적지에 도착했다. ▷ He _____ at his _____.

▶ 물건이 곧 도착할 것이다. ▷ The _____ will _____ soon.

▶ 나는 그 상품을 주문했다. ▷ I _____ the _____.

▶ 주문한 것을 바꿔도 되나요? ▷ May I _____ my _____?

▶ 교환해 드릴까요, 환불해 드릴까요? ▷ Would you like an _____ or _____?

▶ 그 보석은 환불되지 않습니다. ▷ The _____ is not _____.

▶ 그가 내 보석들을 훔쳐갔다. ▷ He _____ my _____.

12일차 **107**

crowd
▼
▼
gate

▶crowd ▶▶gate

말문이 막힐 땐?

외국인 앞에서 무슨 말은 해야겠고, 막상 말문이 막힐 땐 어떻게 해야 할까?
당황한 상태에서 더듬더듬 국적불명의 발음에 괴상한 문장을 만들어내느니 차라리 명사만 또박또박 말하는 게 낫다.
영어의 특성상 대부분의 명사가 동사의 역할을 대신할 수 있으므로 우리가 잘 알고 있는 명사만으로도 생생한 의사전달이 가능하기 때문이다. 영어의 명사는 우리말과는 달리 펄펄 살아 날뛴다는 점만 기억해 두자. (우리말의 명사가 사진이라면 영어의 명사는 동영상에 해당한다고 할 수 있다.)
일례로 "커피 드실래요?"라는 문장이 떠오르지 않는다면 생각할 것도 없이 말꼬리를 올리며 "Coffee?"라고 말하면 쉽게 알아듣는다.
영어를 너무 복잡하고 어렵게 생각하지 말자.

DAY 13 일차

DAY 13

예문을 보고 단어의 의미를
추측해보자.

1. **crowd** [kraud]
   The crowd protested the decision.

2. **clap** [klæp]
   The crowd clapped.

3. **delight** [diláit]
   I clapped my hands in delight.

4. **fountain** [fáuntin]
   The water fountain always delights my eyes.

5. **attract** [ətrǽkt]
   The frozen fountain attracts tourists.

6. **attention** [əténʃən]
   She attracted my attention.

7. **bow** [bou, bau]
   Attention! Bow!

8. **pray** [prei]
   She bowed her head and prayed.

9. **weather** [wéðər]
   We prayed for good weather.

10. **forecast** [fɔ́ːrkæ̀st, -kɑ̀ːst]
    What's today's weather forecast?

11. **incorrect** [ìnkərékt]
    Sometimes the forecasts are incorrect.

12. **plan** [plæn]
    Your plan details are incorrect.

13. **against** [əgénst, əgéinst]
    I'm against that plan.

14. **bump** [bʌmp]
    I bumped against him.

15. **gate** [ɡeit]
    He bumped his knee against the gate.

DAY 13

영영풀이를 천천히 읽어보며 의미를 추측해보자.

1. a large group of people

2. to hit your hands together

3. happiness and excited pleasure

4. a structure that forces water up into the air as a decoration

5. to make someone interested in something

6. when you watch, listen to, or think about something carefully

7. to bend your head or body forward in order to show respect

8. to speak to a god in order to ask for something

9. the temperature or conditions outside

10. a report saying what is likely to happen in the future

11. not correct or not true

12. something you have decided to do

13. competing with or opposing someone or something

14. to hit your body, your car, etc against something by accident

15. a door in a fence or wall that you go through to enter or leave a place

DAY 13

앞에서 추측한 내용을
직접 확인해보자.

1. 군중, 무리

2. 손뼉을 치다

3. 기쁨, 즐거움, 기쁘게 하다, 즐겁게 하다

4. 분수, 샘

> 만년필을 영어로 fountain pen이라고 한다. 펜촉에 잉크를 찍지 않아도 샘솟듯이 잉크가 흘러나오기 때문.

5. 끌다, 매혹하다

6. 주의, 유의

7. 절하다, 머리를 굽히다, 허리를 굽히다

8. 빌다, 기도하다, 간구하다

9. 일기, 날씨, 기후

10. 예상, 예측, 예보

11. 부정확한, 틀린

12. 계획, 계획하다

13. ~에 부딪치어, ~에 반대하여

> Are you for or against?
> 어떤 의견에 대해 찬성이냐, 반대냐를 물을 때 위와 같은 표현을 사용하게 된다.

14. 부딪치다

15. 입구, 통로

DAY 13

눈으로만 확인하면 아무 소용이 없다.
큰 소리로 읽어보자!

군중들은 그 결정에 항의했다.	▶ The crowd protested the decision.
군중들이 박수를 쳤다.	▶ The crowd clapped.
나는 기뻐서 박수를 쳤다.	▶ I clapped my hands in delight.
그 분수는 항상 내 눈을 즐겁게 한다.	▶ The water fountain always delights my eyes.
그 얼어붙은 분수는 관광객들을 끌어들인다.	▶ The frozen fountain attracts tourists.
그녀는 내 주의를 끌었다.	▶ She attracted my attention.
차렷! 경례!	▶ Attention! Bow!
그녀는 머리를 숙이고 기도했다.	▶ She bowed her head and prayed.
우리는 좋은 날씨를 위해 기도했다.	▶ We prayed for good weather.
오늘 일기예보가 어떤가요?	▶ What's today's weather forecast?
때로는 예측이 틀릴 때도 있습니다.	▶ Sometimes the forecasts are incorrect.
계획의 세부적인 내용이 잘못되었네요.	▶ Your plan details are incorrect.
전 그 계획에 반대합니다.	▶ I'm against that plan.
나는 그에게 세게 부딪쳤다.	▶ I bumped against him.
그는 무릎을 벽에 부딪쳤다.	▶ He bumped his knee against the gate.

DAY 13

영작을 하고 있다는 기분으로 빈 칸을 채워보자.
연습문제

▶ 군중들은 그 결정에 항의했다. ▷ The _____ _____ the decision.

▶ 군중들이 박수를 쳤다. ▷ The _____ _____ .

▶ 나는 기뻐서 박수를 쳤다. ▷ I _____ my hands in _____ .

▶ 그 분수는 항상 내 눈을 즐겁게 한다. ▷ The water _____ always _____ my eyes.

▶ 그 얼어붙은 분수는 관광객들을 끌어들인다. ▷ The frozen _____ _____ tourists.

▶ 그녀는 내 주의를 끌었다. ▷ She _____ my _____ .

▶ 차렷! 경례! ▷ _____ ! _____ !

▶ 그녀는 머리를 숙이고 기도했다. ▷ She _____ her head and _____ .

▶ 우리는 좋은 날씨를 위해 기도했다. ▷ We _____ for good _____ .

▶ 오늘 일기예보가 어떤가요? ▷ What's today's _____ _____ ?

▶ 때로는 예측이 틀릴 때도 있습니다. ▷ Sometimes the _____ are _____ .

▶ 계획의 세부적인 내용이 잘못되었네요. ▷ Your _____ details are _____ .

▶ 전 그 계획에 반대합니다. ▷ I'm _____ that _____ .

▶ 나는 그에게 세게 부딪쳤다. ▷ I _____ him.

▶ 그는 무릎을 벽에 부딪쳤다. ▷ He _____ his knee against the _____ .

DAY 13

이건 **복습**이다.
저번 시간에 했던 내용을 잘 **떠올려보자.**

▶ 지갑을 도둑맞았어요. ▷ I had my _____ _____.

▶ 지갑 가져오는 걸 잊었어요. ▷ I forgot to _____ my _____.

▶ 영수증 가져오셨나요? ▷ Did you _____ the _____?

▶ 영수증을 보관하세요. ▷ _____ the _____.

▶ 귀중품을 어디에 보관하세요? ▷ Where do you _____ your _____?

▶ 그건 가치 있는 경험이었어. ▷ It was _____ _____.

▶ 경험은 지혜의 아버지. ▷ _____ is the father of _____.

▶ 너의 용기와 지혜에 감탄해. ▷ I admire your _____ and _____.

▶ 너는 용기가 부족하다. ▷ You are _____ in _____.

▶ 그는 지식의 부족함을 보였다. ▷ He showed a _____ of _____.

▶ 나는 지식에 굶주려 있다. ▷ I'm _____ for _____.

▶ 정말 배가 고파서 말이라도 잡아먹을 수 있을 거 같아. ▷ I'm so _____ I could eat a _____.

▶ 나는 휘파람을 불어서 내 말을 불렀다. ▷ I _____ to my _____.

▶ 심판이 호각을 불었다. ▷ The _____ _____.

▶ 그 선수가 그 심판에게 항의를 했다. ▷ The player _____ to the _____.

wrong
▼
▼
particular

▶wrong ▶▶ particular

욕심은 금물

당신은 혹시 지금 욕심을 부리고 있지는 않은가?
만약 2~3일치 밀린 내용을 오늘 한꺼번에 해야 겠다든지,
정확히 30일에 맞추어 이 책을 끝내고 말겠다는 생각을 하고 있다면
그게 바로 당신의 욕심이다.
아무리 뛰어난 운동선수라 해도 어깨에 힘이 들어가면 경기를 망치게
되듯 영어공부도 너무 과한 욕심을 부리다보면 제 풀에 지치고 만다.
이 책을 끝내기만 하면 영어를 완벽히 정복하게 된다면 또 모를까, 괜한 욕심을 부리지는 말자.

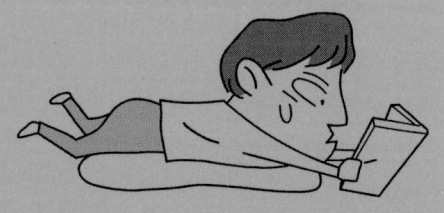

DAY 14 일차

DAY 14

예문을 보고 단어의 의미를
추측해보자.

1. **wrong** [rɔːŋ, rɑŋ]
   You are at the wrong gate.

2. **address** [ədrés]
   I wrote the address wrong.

3. **current** [kə́ːrənt, kʌ́r-]
   This is not my current address.

4. **swim** [swim]
   He was swimming against current.

5. **struggle** [strʌ́gəl]
   He struggled to swim.

6. **existence** [igzístəns]
   We have to struggle for existence.

7. **possibility** [pàsəbíləti, pɔ̀s-]
   The possibility still exists.

8. **reply** [riplái]
   Reply as soon as possible.

9. **receive** [risíːv]
   Your letter will receive no reply.

10. **scholarship** [skálərʃìp, skɔ́l-]
    He received a scholarship.

11. **award** [əwɔ́ːrd]
    The school awarded me a scholarship.

12. **degree** [digríː]
    They awarded me a degree.

13. **angry** [ǽŋgri]
    She is angry in some degree.

14. **reason** [ríːzən]
    There's no reason to get so angry.

15. **particular** [pərtíkjələr]
    Do you have any particular reason?

DAY 14

영영풀이를 **천천히 읽어보며** 의미를 추측해보자.

1. not accurate or correct; incorrect

2. the name of the place where you live or work

3. happening or existing now; a strong movement of water

4. to move through water by moving your body

5. to try very hard to do something difficult

6. when something or someone exists (exist - to be real or present)

7. a chance that something may happen or be true (possible - 형용사형)

8. to say, write, or do something as an answer

9. to get something given to you

10. an amount of money given by a school to pay for the studies of a person with great ability but little money

11. to officially give someone something such as a prize

12. an amount or level of something

13. having a strong feeling against someone who has behaved badly

14. the facts about why someone does something

15. special or important enough to mention separately

DAY 14

앞에서 추측한 내용을
직접 확인해보자.

1. 잘못된, 틀린

2. 주소 — address는 '연설하다'라는 의미의 동사로 사용되기도 한다.

3. 현재의, 물의 흐름

4. 헤엄치다

5. 노력하다, 노력해서 ~을 해내다

6. 존재, 실재 — exist 존재하다, 실재하다 / possible 가능한, 있음직한

7. 가능성, 실현성

8. 대답하다, 응답하다

9. 받다, 수령하다

10. 장학금

11. 수여하다, 지급하다

12. 정도, 등급, 학위 — 학사학위는 bachelor's degree / 석사학위는 master's degree / 박사학위는 doctoral degree

13. 성난, 화를 낸

14. 이유, 까닭

15. 특별한, 특수한, 개별적인

DAY 14

눈으로만 확인하면 아무 소용이 없다.
큰 소리로 읽어보자!

탑승구를 잘못 찾으셨군요.	▶ You are at the wrong gate.
나는 그 주소를 잘못 썼다.	▶ I wrote the address wrong.
이것은 제 현재 주소가 아닙니다.	▶ This is not my current address.
그는 물의 흐름에 거슬러서 수영을 하고 있었다.	▶ He was swimming against current.
그는 헤엄을 치려고 버둥거렸다.	▶ He struggled to swim.
우리는 생존 경쟁을 해야 한다.	▶ We have to struggle for existence.
그 가능성은 여전히 존재하고 있다.	▶ The possibility still exists.
가능한 한 빨리 답장을 줘.	▶ Reply as soon as possible.
너의 편지는 답장이 없을 것이다.	▶ Your letter will receive no reply.
그는 장학금을 받았다.	▶ He received a scholarship.
그 학교는 나에게 장학금을 수여했다.	▶ The school awarded me a scholarship.
그들은 나에게 학위를 수여했다.	▶ They awarded me a degree.
그녀는 좀 화가 났다.	▶ She is angry in some degree.
그렇게 화낼 이유가 전혀 없어요.	▶There's no reason to get so angry.
어떤 특별한 이유라도 있나요?	▶ Do you have any particular reason?

DAY 14

영작을 하고 있다는 기분으로 빈 칸을 채워보자.
연습문제

- ▶ 탑승구를 잘못 찾으셨군요. ▷ You are at the _____ _____.

- ▶ 나는 그 주소를 잘못 썼다. ▷ I wrote the _____ _____.

- ▶ 이것은 제 현재 주소가 아닙니다. ▷ This is not my _____ _____.

- ▶ 그는 물의 흐름에 거슬러서 수영을 하고 있었다. ▷ He was _____ against _____.

- ▶ 그는 헤엄을 치려고 버둥거렸다. ▷ He _____ to _____.

- ▶ 우리는 생존 경쟁을 해야 한다. ▷ We have to _____ for _____.

- ▶ 그 가능성은 여전히 존재하고 있다. ▷ The _____ still _____.

- ▶ 가능한 한 빨리 답장을 줘. ▷ _____ as soon as _____.

- ▶ 너의 편지는 답장이 없을 것이다. ▷ Your letter will _____ no _____.

- ▶ 그는 장학금을 받았다. ▷ He _____ a _____.

- ▶ 그 학교는 나에게 장학금을 수여했다. ▷ The school _____ me a _____.

- ▶ 그들은 나에게 학위를 수여했다. ▷ They _____ me a _____.

- ▶ 그녀는 좀 화가 났다. ▷ She is _____ in some _____.

- ▶ 그렇게 화낼 이유가 전혀 없어요. ▷ There's no _____ to get so _____.

- ▶ 어떤 특별한 이유라도 있나요? ▷ Do you have any _____ _____?

DAY 14

이건 **복습**이다.
저번 시간에 했던 내용을 잘 **떠올려보자.**

▶ 군중들은 그 결정에 항의했다. ▷ The _____ _____ the decision.

▶ 군중들이 박수를 쳤다. ▷ The _____ _____.

▶ 나는 기뻐서 박수를 쳤다. ▷ I _____ my hands in _____.

▶ 그 분수는 항상 내 눈을 즐겁게 한다. ▷ The water _____ always _____ my eyes.

▶ 그 얼어붙은 분수는 관광객들을 끌어들인다. ▷ The frozen _____ _____ tourists.

▶ 그녀는 내 주의를 끌었다. ▷ She _____ my _____.

▶ 차렷! 경례! ▷ _____! _____!

▶ 그녀는 머리를 숙이고 기도했다. ▷ She _____ her head and _____.

▶ 우리는 좋은 날씨를 위해 기도했다. ▷ We _____ for good _____.

▶ 오늘 일기예보가 어떤가요? ▷ What's today's _____ _____?

▶ 때로는 예측이 틀릴 때도 있습니다. ▷ Sometimes the _____ are _____.

▶ 계획의 세부적인 내용이 잘못되었네요. ▷ Your _____ details are _____.

▶ 전 그 계획에 반대합니다. ▷ I'm _____ that _____.

▶ 나는 그에게 세게 부딪쳤다. ▷ I _____ _____ him.

▶ 그는 무릎을 벽에 부딪쳤다. ▷ He _____ his knee against the _____.

purpose
▼
▼
customer

▶purpose ▶▶customer

절반의 성공

어떤 책이든 반 정도를 읽고나면 참 뿌듯하다.
스스로 그만큼을 읽었다는 사실에 대견하기도 하고…
게다가 이 책은 소설이나 만화책이 아니고 '영어 단어장' 아닌가?
자부심을 갖자.
그리고 가벼운 마음으로 시작해보자.

DAY 15 일차

DAY 15

예문을 보고 단어의 의미를
추측해보자.

1. **purpose** [pə́ːrpəs]
They had a particular purpose.

2. **accomplish** [əkámpliʃ, əkɔ́m-]
I will accomplish my purpose.

3. **task** [tæsk, tɑːsk]
They accomplished their task.

4. **charge** [tʃɑːrdʒ]
I'm charged with the task.

5. **department** [dipɑ́ːrtmənt]
I'm in charge of this department.

6. **sale** [seil]
I belong to the sales department.

7. **decrease** [díːkriːs, dikríːs]
Sales are on the decrease.

8. **influence** [ínfluəns]
My influence decreased.

9. **speech** [spiːtʃ]
His speech influence me so much.

10. **bored** [bɔːrd]
His speech bored me.

11. **death** [deθ]
I'm bored to death.

12. **scare** [skɛər]
I'm scared to death.

13. **surgeon** [sə́ːrdʒən]
The surgeon scared me.

14. **persuade** [pəːrswéid]
I persuaded him to go to the surgeon.

15. **customer** [kʌ́stəmər]
He persuaded customers to buy the goods.

DAY 15

영영풀이를 **천천히** 읽어보며 의미를 추측해보자.

1. the goal that someone wants to achieve

2. to succeed in doing something good

3. something that you have to do

4. (usually passive) to give somebody a responsibility or task

5. one of the sections in a government, organization, or business

6. an act of exchanging something for money

7. the process of reducing sth or the amount that sth is reduced by

8. the power to have an effect on people or things

9. a talk, especially a formal one about a particular subject

10. tired and impatient because you do not think something is interesting

11. the end of life

12. to make someone feel frightened

13. a doctor who is specially trained to perform medical operations

14. to make someone do or believe something

15. a person who buys goods or a service

DAY 15

앞에서 추측한 내용을
직접 확인해보자.

1. 목적

2. 이루다, 성취하다

3. 일, 작업

4. 책임, 의무; (의무·책임을) 지우다   **be charged with** ~의 책임이 있다

5. 부서, 국

6. 판매

7. 감소, 감소하다   **increase** 증가하다

8. 영향력

9. 이야기, 연설

10. 지루한, 싫증나는

11. 죽음

12. 놀라게 하다, 겁내다, 놀라다

13. 외과 의사

14. 설득하다, 납득시키다

15. 손님, 고객   '손님은 왕이다'를 영어로 하면? The customer is always right.

DAY 15

눈으로만 확인하면 아무 소용이 없다.
큰 소리로 읽어보자!

그들은 특별한 목적을 가지고 있었다.	▶ They had a particular purpose.
나는 목적을 달성할 것이다.	▶ I will accomplish my purpose.
그들은 과업을 완수했다.	▶ They accomplished their task.
나는 그 일을 맡고 있다.	▶ I'm charged with the task.
내가 여기 부서의 책임자입니다.	▶ I'm in charge of this department.
나는 영업부 소속입니다.	▶ I belong to the sales department.
판매량이 감소하고 있다.	▶ Sales are on the decrease.
내 영향력이 줄어들었다.	▶ My influence decreased.
그의 연설은 나에게 매우 많은 영향을 끼쳤다.	▶ His speech influence me so much.
그의 연설은 따분했어.	▶ His speech bored me.
지루해서 죽겠어.	▶ I'm bored to death.
나 무서워 죽겠어.	▶ I'm scared to death.
그 의사가 나를 겁나게 했어.	▶ The surgeon scared me.
나는 그를 그 외과의사에게 가라고 설득했어.	▶ I persuaded him to go to the surgeon.
그는 손님들이 그 물건을 사도록 설득했다.	▶ He persuaded customers to buy the goods.

DAY 15

영작을 하고 있다는 기분으로 빈 칸을 채워보자.
연습문제

- ▶ 그들은 특별한 목적을 가지고 있었다. ▷ They had a _____ _____.

- ▶ 나는 목적을 달성할 것이다. ▷ I will _____ my _____.

- ▶ 그들은 과업을 완수했다. ▷ They _____ their _____.

- ▶ 나는 그 일을 맡고 있다. ▷ I'm _____ with the _____.

- ▶ 내가 여기 부서의 책임자입니다. ▷ I'm in _____ of this _____.

- ▶ 나는 영업부 소속입니다. ▷ I belong to the _____ _____.

- ▶ 판매량이 감소하고 있다. ▷ _____ are on the _____.

- ▶ 내 영향력이 줄어들었다. ▷ My _____ _____.

- ▶ 그의 연설은 나에게 매우 많은 영향을 끼쳤다. ▷ His _____ _____ me so much.

- ▶ 그의 연설은 따뜻했어. ▷ His _____ _____ me.

- ▶ 지루해서 죽겠어. ▷ I'm _____ to _____.

- ▶ 나 무서워 죽겠어. ▷ I'm _____ to _____.

- ▶ 그 의사가 나를 겁나게 했어. ▷ The _____ _____ me.

- ▶ 나는 그를 그 외과의사에게 가라고 설득했어. ▷ I _____ him to go to the _____.

- ▶ 그는 손님들이 그 물건을 사도록 설득했다. ▷ He _____ _____ to buy the goods.

DAY 15

이건 **복습**이다.
저번 시간에 했던 내용을 잘 **떠올려보자.**

- ▶ 탑승구를 잘못 찾으셨군요. ▷ You are at the _____ _____.

- ▶ 나는 그 주소를 잘못 썼다. ▷ I wrote the _____ _____.

- ▶ 이것은 제 현재 주소가 아닙니다. ▷ This is not my _____ _____.

- ▶ 그는 물의 흐름에 거슬러서 수영을 하고 있었다. ▷ He was _____ against _____.

- ▶ 그는 헤엄을 치려고 버둥거렸다. ▷ He _____ to _____.

- ▶ 우리는 생존 경쟁을 해야 한다. ▷ We have to _____ for _____.

- ▶ 그 가능성은 여전히 존재하고 있다. ▷ The _____ still _____.

- ▶ 가능한 한 빨리 답장을 줘. ▷ _____ as soon as _____.

- ▶ 너의 편지는 답장이 없을 것이다. ▷ Your letter will _____ no _____.

- ▶ 그는 장학금을 받았다. ▷ He _____ a _____.

- ▶ 그 학교는 나에게 장학금을 수여했다. ▷ The school _____ me a _____.

- ▶ 그들은 나에게 학위를 수여했다. ▷ They _____ me a _____.

- ▶ 그녀는 좀 화가 났다. ▷ She is _____ in some _____.

- ▶ 그렇게 화낼 이유가 전혀 없어요. ▷ There's no _____ to get so _____.

- ▶ 어떤 특별한 이유라도 있나요? ▷ Do you have any _____ _____?

doubt
▼
▼
special

▶doubt ▶▶ special

영어책 좀 추천해주실래요?

누구나 한번쯤은 위와 같은 질문을 해봤을 것이다.
흔히 영어도사라 불리는 사람들의 인터뷰를 읽어보기도 하고, 인터넷 서점의 서평을 뒤적여 봤을지도 모르겠다.
여기에 대해 내가 답변해줄 수 있는 것은 단 하나뿐이다.
"어떤 책이든 한 권을 정해서 끝까지 읽어보세요. 그러고 나면 보는 눈이 생깁니다."
('xx 하지마라' 류의 비법서는 제외다.)
영어학습서 한 권을 제대로 정독해본 사람과 그렇지 않은 사람은 천지차이다. 이 책으로 직접 해보라!

DAY 16 일차

DAY 16

예문을 보고 단어의 의미를
추측해보자.

1 doubt [daut]
The customers doubted him.

2 result [rizʌ́lt]
The result is still in doubt.

3 matter [mǽtər]
The result doesn't matter.

4 discuss [diskʌ́s]
Let's discuss this matter.

5 salary [sǽləri]
I don't like to discuss salary.

6 satisfy [sǽtisfài]
She is satisfied with her salary.

7 expression [ikspréʃən]
She smiled with a satisfied expression.

8 formal [fɔ́ːrməl]
This is a formal expression.

9 college [kálidʒ, kɔ́l-]
He had no formal college education.

10 professor [prəfésər]
That woman is a college professor.

11 history [hístəri]
She is a professor of history.

12 ancient [éinʃənt]
I like the ancient history.

13 expert [ékspəːrt]
He is an expert on ancient Greek.

14 field [fiːld]
I'm an expert in this field.

15 special [spéʃəl]
What is his special field?

DAY 16

영영풀이를 **천천히 읽어보며** 의미를 추측해보자.

1. to think that something is probably not true

2. something that happens because of something that happened before

3. to be important, or to affect what happens

4. to talk about something with someone

5. a particular amount of money that you earn each month or year from your job

6. to please someone by giving them what they want or need

7. the look on someone's face showing what they feel or think

8. public or official

9. a place that gives students degrees in a particular subject

10. a teacher in an American university or college

11. the study of events in the past

12. from a long time ago

13. someone who has a lot of knowledge about something

14. subject or type of work

15. different from normal things

DAY 16

앞에서 추측한 내용을
직접 확인해보자.

1. 의심, 불확실함; 의심하다

2. 결과, 성과

3. 문제; 중요하다, 문제가 되다

4. 토론하다, 의논하다

5. 봉급

6. 만족시키다

7. 표현, 표정

8. 형식적인, 공식의

> **informal** 격식을 차리지 않은, 비공식의

9. 대학, 전문학교

10. 교수

11. 역사

> **history**는 과목이나 전공명칭으로도 쓰인다. I'm majoring in history. 저는 역사를 전공하고 있어요.

12. 옛날의, 고대의

13. 전문가, 달인

14. 들판, 분야, 방면

15. 특별한

DAY 16

눈으로만 확인하면 아무 소용이 없다.
큰 소리로 읽어보자!

그 손님들은 그를 의심했다.	▶ The customers doubted him.
그 결과는 아직도 확실치가 않다.	▶ The result is still in doubt.
결과는 아무래도 상관없다.	▶ The result doesn't matter.
이 문제를 토론해봅시다.	▶ Let's discuss this matter.
봉급에 대해선 얘기하고 싶지 않습니다.	▶ I don't like to discuss salary.
그녀는 봉급에 만족한다.	▶ She is satisfied with her salary.
그녀는 만족스러운 표정으로 웃었다.	▶ She smiled with a satisfied expression.
이건 격식을 갖춘 표현입니다.	▶ This is a formal expression.
그는 정규 대학교육을 받지 않았어요.	▶ He had no formal college education.
저 여자는 대학교수예요.	▶ That woman is a college professor.
그녀는 역사 교수님입니다.	▶ She is a professor of history.
나는 그 고대 역사를 좋아해.	▶ I like the ancient history.
그는 고대 그리스의 전문가이다.	▶ He is an expert on ancient Greek.
전 이 분야의 전문가입니다.	▶ I'm an expert in this field.
그의 전문 분야가 뭐예요?	▶ What is his special field?

DAY 16

영작을 하고 있다는 기분으로 빈 칸을 채워보자.
연습문제

▶ 그 손님들은 그를 의심했다. ▷ The _____ _____ him.

▶ 그 결과는 아직도 확실치가 않다. ▷ The _____ is still in _____.

▶ 결과는 아무래도 상관없다. ▷ The _____ doesn't _____.

▶ 이 문제를 토론해봅시다. ▷ Let's _____ this _____.

▶ 봉급에 대해선 얘기하고 싶지 않습니다. ▷ I don't like to _____ _____.

▶ 그녀는 봉급에 만족한다. ▷ She is _____ with her _____.

▶ 그녀는 만족스러운 표정으로 웃었다. ▷ She smiled with a _____ _____.

▶ 이건 격식을 갖춘 표현입니다. ▷ This is a _____ _____.

▶ 그는 정규 대학교육을 받지 않았어요. ▷ He had no _____ _____ education.

▶ 저 여자는 대학교수예요. ▷ That woman is a _____ _____.

▶ 그녀는 역사 교수님입니다. ▷ She is a _____ of _____.

▶ 나는 그 고대 역사를 좋아해. ▷ I like the _____ _____.

▶ 그는 고대 그리스의 전문가이다. ▷ He is an _____ on _____ Greek.

▶ 전 이 분야의 전문가입니다. ▷ I'm an _____ in this _____.

▶ 그의 전문 분야가 뭐예요? ▷ What is his _____ _____?

138 3030 말하는 영단어장

DAY 16

이건 **복습**이다.
저번 시간에 했던 내용을 잘 **떠올려보자.**

- ▶ 그들은 특별한 목적을 가지고 있었다. ▷ They had a _____ _____.

- ▶ 나는 목적을 달성할 것이다. ▷ I will _____ my _____.

- ▶ 그들은 과업을 완수했다. ▷ They _____ their _____.

- ▶ 나는 그 일을 맡고 있다. ▷ I'm _____ with the _____.

- ▶ 내가 여기 부서의 책임자입니다. ▷ I'm in _____ of this _____.

- ▶ 나는 영업부 소속입니다. ▷ I belong to the _____ _____.

- ▶ 판매량이 감소하고 있다. ▷ _____ are on the _____.

- ▶ 내 영향력이 줄어들었다. ▷ My _____ _____.

- ▶ 그의 연설은 나에게 매우 많은 영향을 끼쳤다. ▷ His _____ _____ me so much.

- ▶ 그의 연설은 따분했어. ▷ His _____ _____ me.

- ▶ 지루해서 죽겠어. ▷ I'm _____ to _____.

- ▶ 나 무서워 죽겠어. ▷ I'm _____ to _____.

- ▶ 그 의사가 나를 겁나게 했어. ▷ The _____ _____ me.

- ▶ 나는 그를 그 외과의사에게 가라고 설득했어. ▷ I _____ him to go to the _____.

- ▶ 그는 손님들이 그 물건을 사도록 설득했다. ▷ He _____ _____ to buy the goods.

16일차 **139**

delivery

▼

▼

bend

▶delivery ▶▶bend

착각의 늪

가능하면 착각에는 빠지지 않는 것이 좋다.
스포츠 스타들의 화려한 모습 뒤에는 엄청난 훈련과 땀이 녹아 있다는 것을 우리는 쉽게 지나치곤 한다. 그리고는 착각에 빠지기 시작한다. 저 사람은 원래 저런 재능을 타고 났다고.
하지만 아무리 타고난 천재라 해도 훈련 및 자기관리를 철저히 하지 않으면 뒤로 밀려날 수밖에 없다. 스타란 그저 우연으로 만들어지는 것이 아니다.
혹시 이 책의 내용을 입으로는 한마디도 따라하지 않으면서 회화 실력이 늘기를 바라고 있지는 않은가?
눈으로만 따라오고 있다면 독해실력은 조금 늘지 몰라도 회화 실력은 어림도 없다. 그런 착각에는 빠지지 말자.
귀찮아도 자꾸 입으로 말해보자!

DAY 17 일차

DAY 17

예문을 보고 단어의 의미를
추측해보자.

1 delivery [dilívəri]
Special delivery, please.

2 send [send]
I sent it by special delivery.

3 invitation [ìnvətéiʃən]
I'll send this invitation to you.

4 except [iksépt]
I invited everyone except Jane.

5 rule [ru:l]
Every rule has its exception.

6 obey [oubéi]
You have to obey the rules.

7 command [kəmǽnd, -máːnd]
He gave the command, and we obeyed.

8 troop [tru:p]
He commanded the troops.

9 rush [rʌʃ]
Troops rushed to New York.

10 entrance [éntrəns]
People rushed to the entrance.

11 register [rédʒəstər]
You have to register at the entrance.

12 marriage [mǽridʒ]
I registered my marriage.

13 heaven [hévən]
Marriages are made in heaven.

14 fate [feit]
I've left my fate to heaven.

15 bend [bend]
Never bend to fate.

DAY 17

영영풀이를 천천히 읽어보며 의미를 추측해보자.

1 the act or process of bringing goods, letters, etc

2 to cause something to go from one place to another, esp. by post

3 when someone invites you to do something (invite: to ask someone to come to a social event)

4 not including a particular fact, thing, or person

5 an official instruction about what you must or must not do

6 to do what a person says you must do

7 an order given to a person or an animal

8 soldiers, especially in large numbers

9 to hurry or move quickly somewhere

10 a door or other opening which you use to enter a building or place

11 to put your name and other information on an official list

12 the legal relationship of a man and a woman being a husband and a wife

13 the place where God is believed to live

14 a power that some people believe decides what will happen

15 to become curved

DAY 17

앞에서 추측한 내용을
직접 확인해보자.

1. 배달, 전달

2. 보내다, 발송하다

3. 초대장, 안내   **invite** 초대하다

4. ~을 제외하고

5. 규칙, 규정

6. ~에 복종하다, 따르다

7. 명령하다; 명령, 지휘(권)

8. 군대, 병력

9. 돌진하다, 달려들다   **entrance exam?** 대학이나 회사에 들어가기 위해 치르는 시험.

10. 입구, 출입구, 현관

11. 등록, 등록하다

12. 결혼

13. 하늘, 천국

14. 운명, 비운

15. 구부리다, 숙이다   '접촉사고'를 영어로 하면? 속어로 경미한 자동차 사고를 **fender bender**라고 한다.

DAY 17

눈으로만 확인하면 아무 소용이 없다.
큰 소리로 읽어보자!

속달로 해주세요.	▶ Special delivery, please.
나는 그것을 속달로 보냈다.	▶ I sent it by special delivery.
이 초대장을 너에게 보낼 거야.	▶ I'll send this invitation to you.
제인만 빼고 다 초대했어.	▶ I invited everyone except Jane.
예외 없는 규칙은 없다.	▶ Every rule has its exception.
너는 그 규칙에 따라야 해.	▶ You have to obey the rules.
그가 명령을 내리면 우리는 따랐어.	▶ He gave the command, and we obeyed.
그는 그 부대에 명령을 내렸다.	▶ He commanded the troops.
군대가 뉴욕으로 돌진했다.	▶ Troops rushed to New York.
사람들이 입구로 우르르 몰렸다.	▶ People rushed to the entrance.
입구에서 등록을 해야 합니다.	▶ You have to register at the entrance.
나는 혼인신고를 했다.	▶ I registered my marriage.
혼인은 하늘에서 정한다.	▶ Marriages are made in heaven.
내 운명을 하늘에 맡겼어요.	▶ I've left my fate to heaven.
운명에 절대로 굴복하지 말아라.	▶ Never bend to fate.

DAY 17 연습문제

영작을 하고 있다는 기분으로 빈 칸을 채워보자

▶ 속달로 해주세요. ▷ _____ _____, please.

▶ 나는 그것을 속달로 보냈다. ▷ I _____ it by special _____.

▶ 이 초대장을 너에게 보낼 거야. ▷ I'll _____ this _____ to you.

▶ 제인만 빼고 다 초대했어. ▷ I _____ everyone _____ Jane.

▶ 예외 없는 규칙은 없다. ▷ Every _____ has its _____.

▶ 너는 그 규칙에 따라야 해. ▷ You have to _____ the _____.

▶ 그가 명령을 내리면 우리는 따랐어. ▷ He gave the _____, and we _____.

▶ 그는 그 부대에 명령을 내렸다. ▷ He _____ the _____.

▶ 군대가 뉴욕으로 돌진했다. ▷ _____ _____ to New York.

▶ 사람들이 입구로 우르르 몰렸다. ▷ People _____ to the _____.

▶ 입구에서 등록을 해야 합니다. ▷ You have to _____ at the _____.

▶ 나는 혼인신고를 했다. ▷ I _____ my _____.

▶ 혼인은 하늘에서 정한다. ▷ _____ are made in _____.

▶ 내 운명을 하늘에 맡겼어요. ▷ I've left my _____ to _____.

▶ 운명에 절대로 굴복하지 말아라. ▷ Never _____ to _____.

DAY 17

이건 **복습**이다.
저번 시간에 했던 내용을 잘 **떠올려보자.**

▶ 그 손님들은 그를 의심했다. ▷ The _____ _____ him.

▶ 그 결과는 아직도 확실치가 않다. ▷ The _____ is still in _____.

▶ 결과는 아무래도 상관없다. ▷ The _____ doesn't _____.

▶ 이 문제를 토론해봅시다. ▷ Let's _____ this _____.

▶ 봉급에 대해선 얘기하고 싶지 않습니다. ▷ I don't like to _____ _____.

▶ 그녀는 봉급에 만족한다. ▷ She is _____ with her _____.

▶ 그녀는 만족스러운 표정으로 웃었다. ▷ She smiled with a _____ _____.

▶ 이건 격식을 갖춘 표현입니다. ▷ This is a _____ _____.

▶ 그는 정규 대학교육을 받지 않았어요. ▷ He had no _____ _____ education.

▶ 저 여자는 대학교수예요. ▷ That woman is a _____ _____.

▶ 그녀는 역사 교수님입니다. ▷ She is a _____ of _____.

▶ 나는 그 고대 역사를 좋아해. ▷ I like the _____ _____.

▶ 그는 고대 그리스의 전문가이다. ▷ He is an _____ on _____ Greek.

▶ 전 이 분야의 전문가입니다. ▷ I'm an _____ in this _____.

▶ 그의 전문 분야가 뭐예요? ▷ What is his _____ _____?

wire
▼
▼
property

▶wire ▶▶ property

멀티플레이어가 되자.

2002년 여름, 온 세계를 떠들썩하게 했던 월드컵 4강의 신화.
그 신화의 중심에는 히딩크라는 명장이 있었다.
히딩크는 모든 선수가 멀티플레이어가 되어야 한다고 강조했다.
선수를 어떤 포지션에 세워도 제 몫을 척척 해낼 수 있어야 한다는 이야기다.
우리도 영어를 잘하기 위해서는 멀티플레이어가 돼야 하지 않을까?
스포츠나 영화처럼 개인적으로 관심 있는 분야에 대한 표현을 익히는 것도 좋지만 정치나 경제처럼 고리타분한 분야에 대한 표현도 익혀둘 필요가 있다.
영어는 의사를 표현하는 하나의 도구에 불과하기 때문에 우리가 생활하면서 접할 수 있는 어떤 내용이든 담아낼 수 있기 때문이다.
모든 표현을 자유자재로 구사할 필요까지는 없겠지만, 최소한 알아듣기는 해야 하지 않겠는가? (욕설도 알아들을 수 있어야 적절한 대응을 할 수 있다.)
이 책에 나오는 단어들도 마찬가지.
하나하나 잘 새겨두면 언젠가 큰 도움이 될 것이다.

DAY 18 일차

DAY 18

예문을 보고 단어의 의미를
추측해보자.

1. **wire** [waiər]
   I bent a wire.

2. **connect** [kənékt]
   I connected this wire to the phone.

3. **supply** [səplái]
   Connect the TV to the power supply.

4. **lake** [leik]
   This lake supplies drinking water.

5. **stroll** [stroul]
   I strolled along the lake.

6. **path** [pæθ, pɑːθ]
   I strolled along the path.

7. **follow** [fálou, fɔ́lou]
   Follow this path.

8. **advice** [ædváis, əd-]
   I followed her advice.

9. **appreciate** [əpríːʃièit]
   I appreciate your advice.

10. **concern** [kənsə́ːrn]
    I appreciate your concern.

11. **husband** [hʌ́zbənd]
    I'm concerned about my husband.

12. **divorce** [divɔ́ːrs]
    She divorced her husband.

13. **blame** [bleim]
    She blamed me for the divorce.

14. **government** [gʌ́vərnmənt]
    He blamed the government.

15. **property** [prápərti, prɔ́p-]
    It is the property of the government.

DAY 18

영영풀이를 **천천히 읽어보며** 의미를 추측해보자.

1. a long, thin piece of metal thread

2. to join two things or places together

3. to provide things that people want or need

4. a large area of water which has land all around it

5. to walk somewhere in a slow and relaxed way

6. a long, narrow area of ground for people to walk along

7. to happen or come after something

8. an opinion that someone gives you about the best thing to do

9. to feel grateful for something

10. a feeling of worry or nervousness, or something that worries you

11. the man you are married to

12. when two people officially stop being married

13. to say or think that someone or something is responsible for something bad

14. the group of people who officially control a country

15. objects that belong to someone

DAY 18 앞에서 추측한 내용을 직접 확인해보자.

1. 철사

2. 연결하다, 잇다

3. 공급하다, 지급하다

   > 전원공급장치를 power supply라고 한다. 컴퓨터 뒷부분에 전기코드를 꼽는 곳이 바로 컴퓨터의 power supply가 위치한 곳이다.

4. 호수

5. 산책, 어슬렁어슬렁 거닐기; 산책하다, 한가롭게 거닐다

6. 작은 길, 보도, 통로

7. ~을 따라가다, ~을 따르다

   > Follow your nose.
   > 코를 따라가라? 이 표현은 똑바로 앞으로 가라는 의미이다. 코가 가리키는 방향은 항상 정면이니까.

8. 충고, 조언

9. 고맙게 여기다

10. 염려하다, 관심을 갖다, 걱정하다; 걱정, 근심

11. 남편

12. 이혼, 이혼하다

13. 나무라다, 비난하다

14. 정부

    > govern 통치하다, 지배하다, 관리하다

15. 재산, 소유물

DAY 18

눈으로만 확인하면 아무 소용이 없다.
큰 소리로 읽어보자!

나는 철사를 구부렸다.	▶ I bent a wire.
나는 이 선을 그 전화기에 연결했다.	▶ I connected this wire to the phone.
TV를 전원(공급장치)에 연결해.	▶ Connect the TV to the power supply.
이 호수는 식수를 공급한다.	▶ This lake supplies drinking water.
나는 그 호숫가를 따라 산책했다.	▶ I strolled along the lake.
나는 그 길을 거닐었다.	▶ I strolled along the path.
이 통로를 따라 가세요.	▶ Follow this path.
나는 그녀의 충고를 따랐다.	▶ I followed her advice.
조언해 주셔서 감사해요.	▶ I appreciate your advice.
염려해 주셔서 감사합니다.	▶ I appreciate your concern.
나는 남편이 걱정된다.	▶ I'm concerned about my husband.
그녀는 남편과 이혼했다.	▶ She divorced her husband.
그녀는 이혼을 나의 탓으로 돌렸다.	▶ She blamed me for the divorce.
그는 정부를 비난했다.	▶ He blamed the government.
그것은 국가 소유의 재산이다.	▶ It is the property of the government.

DAY 18
연습문제
영작을 하고 있다는 기분으로 빈 칸을 채워보자.

▶ 나는 철사를 구부렸다. ▷ I _____ a _____.

▶ 나는 이 선을 그 전화기에 연결했다. ▷ I _____ this _____ to the phone.

▶ TV를 전원(공급장치)에 연결해. ▷ _____ the TV to the power _____.

▶ 이 호수는 식수를 공급한다. ▷ This _____ _____ drinking water.

▶ 나는 그 호숫가를 따라 산책했다. ▷ I _____ along the _____.

▶ 나는 그 길을 거닐었다. ▷ I _____ along the _____.

▶ 이 통로를 따라 가세요. ▷ _____ this _____.

▶ 나는 그녀의 충고를 따랐다. ▷ I _____ her _____.

▶ 조언해 주셔서 감사해요. ▷ I _____ your _____.

▶ 염려해 주셔서 감사합니다. ▷ I _____ your _____.

▶ 나는 남편이 걱정된다. ▷ I'm _____ about my _____.

▶ 그녀는 남편과 이혼했다. ▷ She _____ her _____.

▶ 그녀는 이혼을 나의 탓으로 돌렸다. ▷ She _____ me for the _____.

▶ 그는 정부를 비난했다. ▷ He _____ the _____.

▶ 그것은 국가 소유의 재산이다. ▷ It is the _____ of the _____.

DAY 18

이건 **복습**이다.
저번 시간에 했던 내용을 잘 **떠올려보자.**

▶ 속달로 해주세요. ▷ _____ _____, please.

▶ 나는 그것을 속달로 보냈다. ▷ I _____ it by special _____.

▶ 이 초대장을 너에게 보낼 거야. ▷ I'll _____ this _____ to you.

▶ 제인만 빼고 다 초대했어. ▷ I _____ everyone _____ Jane.

▶ 예외 없는 규칙은 없다. ▷ Every _____ has its _____.

▶ 너는 그 규칙에 따라야 해. ▷ You have to _____ the _____.

▶ 그가 명령을 내리면 우리는 따랐어. ▷ He gave the _____, and we _____.

▶ 그는 그 부대에 명령을 내렸다. ▷ He _____ the _____.

▶ 군대가 뉴욕으로 돌진했다. ▷ _____ _____ to New York.

▶ 사람들이 입구로 우르르 몰렸다. ▷ People _____ to the _____.

▶ 입구에서 등록을 해야 합니다. ▷ You have to _____ at the _____.

▶ 나는 혼인신고를 했다. ▷ I _____ my _____.

▶ 혼인은 하늘에서 정한다. ▷ _____ are made in _____.

▶ 내 운명을 하늘에 맡겼어요. ▷ I've left my _____ to _____.

▶ 운명에 절대로 굴복하지 말아라. ▷ Never _____ to _____.

private
▼
▼
share

▶private ▶▶share

때로는 배짱으로!

무슨 일을 하든지 가장 중요한 건 자신감이다.
물론 쓸데없이 자신감만 가득해서는 안 되겠지만 우리는 원어민을 대할 때 자신감을 잃을 때가 너무도 많다.
말문이 막히면 명사만 또박또박 말해도 된다고 설명한 바 있다. 하지만 그것만으로 충분한 의사전달이 되지 않을 경우에는 어떻게 해야 할까? 그냥 다른 곳으로 도망가 버릴까?
그럴 때는 얼굴에 철판을 깔고 당당하게 한국어로 말해보자. 어차피 영어로 더 이상 할 말도 없지 않은가?
말하고자 하는 내용을 알아들을 가능성이 더 높다.
표정과 몸짓, 분위기만으로도 감정이 전달될 수 있기 때문이다.
하지만 큰 죄라도 지은 듯이 우물쭈물, 자신감을 잃는다면 전하고자 하는 뜻도 전달이 안 될 뿐더러, 그 순간부터 외국인 공포증에 걸리고 말거다. 한국인의 이미지가 실추되는 것은 물론이고!
어떤 상황에서든 배짱을 잃지 말자!

DAY 19 일차

DAY 19

예문을 보고 단어의 의미를
추측해보자.

1. **private** [práivit]
   That's private property.

2. **attend** [əténd]
   I attend a private school.

3. **university** [jùːnəvə́ːrsəti]
   What university does he attend?

4. **dormitory** [dɔ́ːrmətɔ̀ːri, -təri]
   The university has a dormitory.

5. **build** [bild]
   The dormitory was built in 1999.

6. **bridge** [bridʒ]
   They built a bridge over a lake.

7. **burn** [bəːrn]
   The bridge was burning.

8. **bulb** [bʌlb]
   The bulb burned out.

9. **hang** [hæŋ]
   I hung a bulb.

10. **laundry** [lɑ́ːndri, lɑ́ːn-]
    Please, hang out the laundry.

11. **soak** [souk]
    You have to soak the laundry.

12. **clothes** [klouðz]
    The rain soaked my clothes.

13. **fold** [fould]
    I folded my clothes.

14. **umbrella** [ʌmbrélə]
    I folded up my umbrella.

15. **share** [ʃɛər]
    Can I share your umbrella?

DAY 19

영영풀이를 **천천히 읽어보며** 의미를 추측해보자.

1. only for one person or group and not for everyone

2. to go to an event

3. a place where students study at a high level to get a degree

4. a large building at a college or university where students live

5. to make a building or other large structure by putting its parts together

6. a structure that is built over a river, road, etc

7. to destroy something with fire

8. the glass part of an electric light that the light shines from

9. to fix or put something in a position

10. clothes, sheets, etc that need to be washed

11. to put something into a liquid

12. the things that you wear such as shirts, dresses, pants, etc

13. to bend something and press one part of it over another part

14. an object that you hold over your head when it is raining

15. to have or use something at the same time as someone else

DAY 19

앞에서 추측한 내용을
직접 확인해보자.

1. 사적인, 개인에 속하는

2. 출석하다

3. 대학

4. 기숙사

5. 세우다, 건축하다

6. 다리

7. 불타다; 태우다

> 우리는 CD에 자료를 '굽는다'는 표현을 종종 사용한다. 영어로는 그 과정을 burning이라고 표현한다. CD의 표면을 레이저로 태워서 기록을 하기 때문!

8. 전구

9. 매달다, 걸다

10. 세탁물

11. 젖다, 적시다

12. 옷

13. 접다

> 반으로 접히는 휴대폰을 폴더(folder)라고 부르는 이유를 이제는 이해할 수 있을 것이다.

14. 우산

15. 분배; 분배하다, 나누다; 공유하다

DAY 19

눈으로만 확인하면 아무 소용이 없다.
큰 소리로 읽어보자!

그건 개인 소유예요.	▶ That's private property.
나는 사립학교에 다닌다.	▶ I attend a private school.
그는 어느 대학을 다니죠?	▶ What university does he attend?
그 대학교에는 기숙사가 있어요.	▶ The university has a dormitory.
그 기숙사는 1999년에 지어졌어요.	▶ The dormitory was built in 1999.
그들은 강 위에 다리를 건설했다.	▶ They built a bridge over a lake.
그 다리는 불타고 있었다.	▶ The bridge was burning.
전구가 나갔어.	▶ The bulb burned out.
나는 전구를 달았다.	▶ I hung a bulb.
빨래 좀 널어 줘.	▶ Please, hang out the laundry.
빨래를 물에 담궈야 해.	▶ You have to soak the laundry.
비가 내 옷을 흠뻑 적셨다.	▶ The rain soaked my clothes.
나는 옷을 갰다.	▶ I folded my clothes.
나는 우산을 접었다.	▶ I folded up my umbrella.
우산을 같이 써도 될까요?	▶ Can I share your umbrella?

DAY 19 연습문제

영작을 하고 있다는 기분으로 빈 칸을 채워보자.

- 그건 개인 소유예요. ▷ That's _____ _____.

- 나는 사립학교에 다닌다. ▷ I _____ a _____ school.

- 그는 어느 대학을 다니죠? ▷ What _____ does he _____ ?

- 그 대학교에는 기숙사가 있어요. ▷ The _____ has a _____.

- 그 기숙사는 1999년에 지어졌어요. ▷ The _____ was _____ in 1999.

- 그들은 강 위에 다리를 건설했다. ▷ They _____ a _____ over a lake.

- 그 다리는 불타고 있었다. ▷ The _____ was _____.

- 전구가 나갔어. ▷ The _____ _____ out.

- 나는 전구를 달았다. ▷ I _____ a _____.

- 빨래 좀 널어 줘. ▷ Please, _____ out the _____.

- 빨래를 물에 담궈야 해. ▷ You have to _____ the _____.

- 비가 내 옷을 흠뻑 적셨다. ▷ The rain _____ my _____.

- 나는 옷을 갰다. ▷ I _____ my _____.

- 나는 우산을 접었다. ▷ I _____ up my _____.

- 우산을 같이 써도 될까요? ▷ Can I _____ your _____ ?

DAY 19

이건 **복습**이다.
저번 시간에 했던 내용을 잘 **떠올려보자.**

- ▶ 나는 철사를 구부렸다. ▷ I _____ a _____.

- ▶ 나는 이 선을 그 전화기에 연결했다. ▷ I _____ this _____ to the phone.

- ▶ TV를 전원(공급장치)에 연결해. ▷ _____ the TV to the power _____.

- ▶ 이 호수는 식수를 공급한다. ▷ This _____ _____ drinking water.

- ▶ 나는 그 호숫가를 따라 산책했다. ▷ I _____ along the _____.

- ▶ 나는 그 길을 거닐었다. ▷ I _____ along the _____.

- ▶ 이 통로를 따라 가세요. ▷ _____ this _____.

- ▶ 나는 그녀의 충고를 따랐다. ▷ I _____ her _____.

- ▶ 조언해 주셔서 감사해요. ▷ I _____ your _____.

- ▶ 염려해 주셔서 감사합니다. ▷ I _____ your _____.

- ▶ 나는 남편이 걱정된다. ▷ I'm _____ about my _____.

- ▶ 그녀는 남편과 이혼했다. ▷ She _____ her _____.

- ▶ 그녀는 이혼을 나의 탓으로 돌렸다. ▷ She _____ me for the _____.

- ▶ 그는 정부를 비난했다. ▷ He _____ the _____.

- ▶ 그것은 국가 소유의 재산이다. ▷ It is the _____ of the _____.

opinion
▼
▼
abroad

▶opinion ▶▶abroad

습관 만들기

드디어 이 책 분량의 3분의 2 고지에 도달했다.
어찌됐건 여러분은 20일째 하루에 30분씩 이 책에 투자를 하고 있는 셈이다.
인간이 하나의 습관을 형성하는 데 걸리는 시간은 약 3주라고 한다. 매일 하루에 30분, 영어를 꾸준히 접하고 입으로 말하는 습관을 들인다면 토익점수 100점 올리는 것보다 더 큰 성과를 얻는 것이나 다름없다.

습관 [習慣, habit] - 동일한 상황 아래에서 반복된 행동이 상황에 따라 안정화되고 자동화된 것.

DAY 20 일차

DAY 20

예문을 보고 단어의 의미를
추측해보자.

1 opinion [əpínjən]
We shared opinions.

2 professional [prəféʃənəl]
He wanted my professional opinion.

3 investment [invéstmənt]
He is an investment professional.

4 stock [stɑk, stɔk]
I invested in this stock.

5 shelf [ʃelf]
The stock is on the shelves.

6 bottom [bátəm, bɔ́t-]
Coke is on the bottom shelf.

7 settle [sétl]
Gold settled on the bottom.

8 Jew [dʒuː]
Jews settled in America.

9 district [dístrikt]
The Jews lived in this district.

10 financial [finǽnʃəl, fai-]
Wall Street is the financial district.

11 innovation [ìnouvéiʃən]
We need financial innovation.

12 constant [kánstənt, kɔ́n-]
Constant innovation is the only way.

13 companion [kəmpǽnjən]
I am your constant companion.

14 travel [trǽvəl]
He was my travelling companion.

15 abroad [əbrɔ́ːd]
I like traveling abroad.

DAY 20

영영풀이를 천천히 읽어보며 의미를 추측해보자.

1. a thought or belief about something or someone

2. relating to a job that needs special training or education

3. money used in a way that may earn you more money

4. the value of a company; all the goods that are available in a shop

5. a flat, horizontal board used to put things on

6. in the lowest position

7. to start living somewhere that you are going to live for a long time

8. someone who is related to the ancient people of Israel

9. an area of a town or country

10. involving money

11. a new idea or method that is being tried for the first time

12. happening a lot or all the time

13. someone who is with you

14. to visit a number of places, especially places that are far away

15. in or to a foreign country

DAY 20 앞에서 추측한 내용을 직접 확인해보자.

1. 의견, 견해

2. 전문의, 프로의

3. 투자 | invest 투자하다 |

4. 주식, 재고

5. 선반

6. 아래의

7. 놓다, 쌓이다, 정착하다, 이주하다

8. 유대인

이스라엘인	Israeli
이라크인	Iraqi
이란인	Iranian
그리스인	Greek
몽고인	Mongol
핀란드인	Finlander
터키인	Turk
프랑스인	French
독일인	German
네덜란드인	Dutch

9. 지역, 지구

10. 재정의

11. 혁신

12. 변치 않는, 부단한

13. 동료, 상대, 친구

14. 여행하다

15. 외국으로, 해외로

DAY 20

눈으로만 확인하면 아무 소용이 없다.
큰 소리로 읽어보자!

우리는 의견을 나누었다.	▶ We shared opinions.
그는 나의 전문적인 견해를 원했다.	▶ He wanted my professional opinion.
그는 투자 전문가이다.	▶ He is an investment professional.
나는 이 주식에 투자했다.	▶ I invested in this stock.
재고품은 선반 위에 있어요.	▶ The stock is on the shelves.
콜라는 아래쪽 선반에 있어.	▶ Coke is on the bottom shelf.
금이 바닥에 쌓였다.	▶ Gold settled on the bottom.
유대인들은 미국에 정착했다.	▶ Jews settled in America.
그 유대인들은 이 지역에 살았다.	▶ The Jews lived in this district.
월스트리트는 금융 지구이다.	▶ Wall Street is the financial district.
우리는 재정 혁신이 필요하다.	▶ We need financial innovation.
부단한 개혁만이 유일한 길이다.	▶ Constant innovation is the only way.
난 너의 변치 않는 친구야.	▶ I am your constant companion.
그는 나의 여행 동반자였어.	▶ He was my travelling companion.
나는 해외 여행을 좋아해요.	▶ I like traveling abroad.

DAY 20

연습문제
영작을 하고 있다는 기분으로 빈 칸을 채워보자.

▶ 우리는 의견을 나누었다. ▷ We _____ _____.

▶ 그는 나의 전문적인 견해를 원했다. ▷ He wanted my _____ _____.

▶ 그는 투자 전문가이다. ▷ He is an _____ _____.

▶ 나는 이 주식에 투자했다. ▷ I _____ in this _____.

▶ 재고품은 선반 위에 있어요. ▷ The _____ is on the _____.

▶ 콜라는 아래쪽 선반에 있어. ▷ Coke is on the _____ _____.

▶ 금이 바닥에 쌓였다. ▷ Gold _____ on the _____.

▶ 유대인들은 미국에 정착했다. ▷ _____ _____ in America.

▶ 그 유대인들은 이 지역에 살았다. ▷ The _____ lived in this _____.

▶ 월스트리트는 금융 지구이다. ▷ Wall Street is the _____ _____.

▶ 우리는 재정 혁신이 필요하다. ▷ We need _____ _____.

▶ 부단한 개혁만이 유일한 길이다. ▷ _____ _____ is the only way.

▶ 난 너의 변치 않는 친구야. ▷ I am your _____ _____.

▶ 그는 나의 여행 동반자였어. ▷ He was my _____ _____.

▶ 나는 해외 여행을 좋아해요. ▷ I like _____ _____.

DAY 20

이건 **복습**이다.
저번 시간에 했던 내용을 잘 **떠올려보자.**

- ▶ 그건 개인 소유예요. ▷ That's _____ _____.

- ▶ 나는 사립학교에 다닌다. ▷ I _____ a _____ school.

- ▶ 그는 어느 대학을 다니죠? ▷ What _____ does he _____?

- ▶ 그 대학교에는 기숙사가 있어요. ▷ The _____ has a _____.

- ▶ 그 기숙사는 1999년에 지어졌어요. ▷ The _____ was _____ in 1999.

- ▶ 그들은 강 위에 다리를 건설했다. ▷ They _____ a _____ over a lake.

- ▶ 그 다리는 불타고 있었다. ▷ The _____ was _____.

- ▶ 전구가 나갔어. ▷ The _____ _____ out.

- ▶ 나는 전구를 달았다. ▷ I _____ a _____.

- ▶ 빨래 좀 널어 줘. ▷ Please, _____ out the _____.

- ▶ 빨래를 물에 담궈야 해. ▷ You have to _____ the _____.

- ▶ 비가 내 옷을 흠뻑 적셨다. ▷ The rain _____ my _____.

- ▶ 나는 옷을 갰다. ▷ I _____ my _____.

- ▶ 나는 우산을 접었다. ▷ I _____ up my _____.

- ▶ 우산을 같이 써도 될까요? ▷ Can I _____ your _____?

often

▼

▼

scream

▶often ▶▶scream

9090?

사전을 찾아보면 하나의 영어단어에 여러 개의 뜻이 달려 있다. 비유적인 의미로 쓰이기도 하고, 문장 내 위치에 따라 뜻이 달라지기도 하기 때문이다.

하지만 이 책에서는 의도적으로 단어의 뜻을 한정시키고자 했다. 예문 중심의 단어장이라는 컨셉에 맞추어 책에서 소개하는 예문을 정확히 익히는 것에 더 중점을 두었기 때문이다.

단어의 모든 뜻을 다 다루려고 했다면 아마 이 책의 제목은 9090정도가 되었을 것이다. (생각만 해도 끔찍하다.)

여러분이 예문을 정확히 익히고 실제로 활용할 수만 있다면 그것만으로도 이 책의 역할은 충분하다고 생각한다.

DAY 21 일차

DAY 21

예문을 보고 단어의 의미를
추측해보자.

1. **often** [ɔ́(:)ftən, ɑ́f-]
   I often go abroad.

2. **skip** [skip]
   I often skip classes.

3. **meal** [mi:l]
   Don't skip your meal.

4. **regular** [régjələr]
   Eat three meals regularly.

5. **exercise** [éksərsàiz]
   Regular exercise could help you.

6. **confidence** [kάnfidəns, kɔ́n-]
   Exercise gives you confidence.

7. **restore** [ristɔ́:r]
   Confidence has to be restored.

8. **economy** [ikάnəmi, -kɔ́n-]
   The government restored the economy.

9. **improve** [imprú:v]
   China's economy improved.

10. **gradually** [grǽdʒuəli]
    My English is gradually improving.

11. **adjust** [ədʒʌ́st]
    His eyes gradually adjusted to the light.

12. **temperature** [témpərətʃər]
    How do I adjust the room temperature?

13. **drop** [drɑp, drɔp]
    The temperature has dropped.

14. **agony** [ǽgəni]
    He dropped his gun in agony.

15. **scream** [skri:m]
    She screamed in agony.

DAY 21

영영풀이를 **천천히 읽어보며** 의미를 추측해보자.

1. many times or regularly

2. to avoid doing or having something

3. when you eat, or the food that you eat at that time

4. repeated with the same amount of time or space (regularly - 부사형)

5. physical activity that you do to make your body strong and healthy

6. the belief that you are able to do things well

7. to make something good exist again

8. the system by which a country's trade, industry, and money are organized

9. to make something better

10. slowly over a period of time

11. to change something slightly so that it works better

12. how hot or cold something is

13. to let something fall

14. a strong and unpleasant feeling

15. to make a loud high cry because you are hurt, frightened, or excited

DAY 21

앞에서 추측한 내용을
직접 확인해보자.

1. 자주, 종종

2. 건너뛰다

   > 줄넘기를 영어로 rope skipping이라고 한다.

3. 식사

4. 규칙적인, 정기적인

5. 운동

6. 신뢰, 자신

7. 회복하다, 되찾다

8. 경제

   > economy는 '값싼, 경제적인'이라는 뜻으로도 사용된다. 비행기의 이코노미 클래스 (economy class) 좌석을 떠올리면 이해가 쉬울 것이다.

9. 개선하다, 향상시키다

10. 차차, 점차

11. 맞추다, 조정하다, 순응시키다

12. 온도, 기온

    > 몸에 열이 있어요.
    > I have a temperature.

13. 떨어뜨리다, 떨어지다

14. 고통, 고뇌

15. 소리치다, 비명을 지르다

DAY 21

눈으로만 확인하면 아무 소용이 없다.
큰 소리로 읽어보자!

나는 외국에 자주 나갑니다.	▶ I often go abroad.
나는 종종 수업을 빼먹습니다.	▶ I often skip classes.
식사를 거르지 마.	▶ Don't skip your meal.
세 끼 식사를 규칙적으로 하세요.	▶ Eat three meals regularly.
규칙적인 운동이 너에게 도움이 될 거야.	▶ Regular exercise could help you.
운동은 당신에게 자신감을 안겨줄 거예요.	▶ Exercise gives you confidence.
신뢰가 회복되어야 합니다.	▶ Confidence has to be restored.
정부가 경제를 되살렸다.	▶ The government restored the economy.
중국의 경제가 호전되었다.	▶ China's economy improved.
내 영어실력이 차츰 좋아지고 있어.	▶ My English is gradually improving.
그의 눈은 차츰 빛에 적응해 갔다.	▶ His eyes gradually adjusted to the light.
방 온도 조절은 어떻게 하지요?	▶ How do I adjust the room temperature?
기온이 뚝 떨어졌어.	▶ The temperature has dropped.
그는 고통으로 총을 떨어뜨렸다.	▶ He dropped his gun in agony.
그녀는 고통으로 비명을 질렀다.	▶ She screamed in agony.

DAY 21

영작을 하고 있다는 기분으로 빈 칸을 채워보자.
연습문제

- 나는 외국에 자주 나갑니다. ▷ I _____ go _____.

- 나는 종종 수업을 빼먹습니다. ▷ I _____ _____ classes.

- 식사를 거르지 마. ▷ Don't _____ your _____.

- 세 끼 식사를 규칙적으로 하세요. ▷ Eat three _____ _____.

- 규칙적인 운동이 너에게 도움이 될 거야. ▷ _____ _____ could help you.

- 운동은 당신에게 자신감을 안겨줄 거예요. ▷ _____ gives you _____.

- 신뢰가 회복되어야 합니다. ▷ _____ has to be _____.

- 정부가 경제를 되살렸다. ▷ The government _____ the _____.

- 중국의 경제가 호전되었다. ▷ China's _____ _____.

- 내 영어실력이 차츰 좋아지고 있어. ▷ My English is _____ _____.

- 그의 눈은 차츰 빛에 적응해 갔다. ▷ His eyes _____ _____ to the light.

- 방 온도 조절은 어떻게 하지요? ▷ How do I _____ the room _____?

- 기온이 뚝 떨어졌어. ▷ The _____ has _____.

- 그는 고통으로 총을 떨어뜨렸다. ▷ He _____ his gun in _____.

- 그녀는 고통으로 비명을 질렀다. ▷ She _____ in _____.

178　3030 말하는 영단어장

DAY 21

이건 **복습**이다.
저번 시간에 했던 내용을 잘 **떠올려보자.**

▶ 우리는 의견을 나누었다. ▷ We _____ _____.

▶ 그는 나의 전문적인 견해를 원했다. ▷ He wanted my _____ _____.

▶ 그는 투자 전문가이다. ▷ He is an _____ _____.

▶ 나는 이 주식에 투자했다. ▷ I _____ in this _____.

▶ 재고품은 선반 위에 있어요. ▷ The _____ is on the _____.

▶ 콜라는 아래쪽 선반에 있어. ▷ Coke is on the _____ _____.

▶ 금이 바닥에 쌓였다. ▷ Gold _____ on the _____.

▶ 유대인들은 미국에 정착했다. ▷ _____ _____ in America.

▶ 그 유대인들은 이 지역에 살았다. ▷ The _____ lived in this _____.

▶ 월스트리트는 금융 지구이다. ▷ Wall Street is the _____ _____.

▶ 우리는 재정 혁신이 필요하다. ▷ We need _____ _____.

▶ 부단한 개혁만이 유일한 길이다. ▷ _____ _____ is the only way.

▶ 난 너의 변치 않는 친구야. ▷ I am your _____ _____.

▶ 그는 나의 여행 동반자였어. ▷ He was my _____ _____.

▶ 나는 해외 여행을 좋아해요. ▷ I like _____ _____.

excitement
▼
▼
serious

▶excitement ▶▶ serious

조기 영어교육에 대하여

영어가 한 사람의 경쟁력을 좌우하는 시대이다 보니, 조기 영어교육에 대해 관심이 높은 것이 사실이다.
내가 영어교육전문가는 아니지만 조기영어교육에 대해 쓴 소리를 한마디 하자면, 우리말도 제대로 구사하지 못하는 어린아이들에게 영어를 가르치는 건 좀 이치에 맞지 않는다고 생각한다.
그 시기가 언어를 배우기에 가장 최적이기 때문에 영어를 가르쳐야 한다는 논리라면 더더욱 말리고 싶다. 언어학습능력이 폭발하는 시기에 모국어를 확실하게 배워두어야지 그 소중한 시기에 외국어까지 주입시켜 아이들을 혼란에 빠뜨린단 말인가?
(게다가 국내외 각계의 전문가들의 연구결과에 따르면 지나친 조기영어교육은 효과도 낮을 뿐더러 오히려 모국어를 침해하는 부작용을 초래한다고 한다.)
우리말을 잘하는 사람이 영어도 잘할 수 있다는 사실을 잊지 말자.

DAY 22 일차

DAY 22

예문을 보고 단어의 의미를
추측해보자.

1. **excitement** [iksáitmənt]
   They screamed in excitement.

2. **vanish** [væniʃ]
   All the excitement vanishes.

3. **smoke** [smouk]
   Everything vanished into smoke.

4. **allow** [əláu]
   You are not allowed to smoke in here.

5. **stay** [stei]
   She allowed me to stay here.

6. **extend** [iksténd]
   I'd like to extend my stay.

7. **period** [píəriəd]
   I extended the contract period.

8. **warrant** [wɔ́(:)rənt, wɑ́r-]
   The warrant period is 3 years.

9. **search** [sə:rtʃ]
   We had a search warrant.

10. **opportunity** [àpərtjú:nəti, ɔ̀pər-]
    I'm searching for the opportunity.

11. **thief** [θi:f]
    Opportunity makes a thief.

12. **chase** [tʃeis]
    The policeman chased after the thief.

13. **defense** [diféns, dí:fens]
    The defense chased the ball.

14. **offense** [əféns]
    Offense is the best defense.

15. **serious** [síəriəs]
    Hacking is a serious offense.

DAY 22

영영풀이를 **천천히 읽어보며** 의미를 추측해보자.

1. when people feel very happy and enthusiastic

2. to disappear in a sudden and mysterious way

3. the grey or black gas that is produced when something burns

4. to give someone permission for something

5. to continue to be in a place, job, etc and not leave

6. to make something bigger or longer

7. an amount of time during which something happens

8. d document that gives you the right to receive money, services, etc

9. to look somewhere carefully in order to find something

10. a chance to do something, or a situation

11. someone who steals something

12. to hurry after someone or something in order to catch them

13. protection or something that provides protection against attack

14. the process of attacking someone or something

15. bad or dangerous enough to make you worried

DAY 22

앞에서 추측한 내용을
직접 확인해보자.

1. 흥분

2. 사라지다, 자취를 감추다

3. 연기, 담배를 피우다

4. 허락하다, 허가하다

5. 머무르다

6. 뻗다, 연장하다 — 게임의 DVD 타이틀 확장팩의 경우 extended edition이라는 이름을 달고 나오게 된다. 참고하시길.

7. 기간, 시대

8. 보증, 허가

9. 찾다, 뒤지다; 조사, 수색

10. 기회, 행운

11. 도둑, 도적

12. 쫓다, 추격하다

13. 방어, 수비

14. 공격, 위반, 불법

15. 심각한, 중대한 — I'm serious. 진담이야. (농담이 아니라니까, 나 심각하다구)

DAY 22

눈으로만 확인하면 아무 소용이 없다.
큰 소리로 읽어보자!

그들은 흥분해서 소리를 질렀다.	▶ They screamed in excitement.
모든 흥분이 사라진다.	▶ All the excitement vanishes.
모든 것이 연기처럼 사라졌다.	▶ Everything vanished into smoke.
이곳에서는 담배를 피울 수가 없습니다.	▶ You are not allowed to smoke in here.
그녀는 내가 여기에 머무르는 것을 허락했다.	▶ She allowed me to stay here.
체류 기간을 연장하고 싶습니다.	▶ I'd like to extend my stay.
나는 계약 기간을 연장했다.	▶ I extended the contract period.
보증 기간은 3년입니다.	▶ The warrant period is 3 years.
우리는 수색영장을 가지고 있었다.	▶ We had a search warrant.
나는 기회를 찾고 있어요.	▶ I'm searching for the opportunity.
기회가 도둑을 만든다. (견물생심)	▶ Opportunity makes a thief.
그 경찰은 도둑을 쫓았다.	▶ The policeman chased after the thief.
수비수가 공을 쫓아갔다.	▶ The defense chased the ball.
공격이 최선의 방어.	▶ Offense is the best defense.
해킹은 중대한 범죄이다.	▶ Hacking is a serious offense.

DAY 22

영작을 하고 있다는 기분으로 빈 칸을 채워보자.
연습문제

- 그들은 흥분해서 소리를 질렀다. ▷ They _____ in _____.

- 모든 흥분이 사라진다. ▷ All the _____ _____.

- 모든 것이 연기처럼 사라졌다. ▷ Everything _____ into _____.

- 이곳에서는 담배를 피울 수가 없습니다. ▷ You are not _____ to _____ in here.

- 그녀는 내가 여기에 머무르는 것을 허락했다. ▷ She _____ me to _____ here.

- 체류 기간을 연장하고 싶습니다. ▷ I'd like to _____ my _____.

- 나는 계약 기간을 연장했다. ▷ I _____ the contract _____.

- 보증 기간은 3년입니다. ▷ The _____ is 3 years.

- 우리는 수색영장을 가지고 있었다. ▷ We had a _____ _____.

- 나는 기회를 찾고 있어요. ▷ I'm _____ for the _____.

- 기회가 도둑을 만든다. (견물생심) ▷ _____ makes a _____.

- 그 경찰은 도둑을 쫓았다. ▷ The policeman _____ after the _____.

- 수비수가 공을 쫓아갔다. ▷ The _____ _____ the ball.

- 공격이 최선의 방어. ▷ _____ is the best _____.

- 해킹은 중대한 범죄이다. ▷ Hacking is a _____ _____.

DAY 22

이건 **복습**이다.
저번 시간에 했던 내용을 잘 **떠올려보자.**

▶ 나는 외국에 자주 나갑니다. ▷ I _____ go _____.

▶ 나는 종종 수업을 빼먹습니다. ▷ I _____ _____ classes.

▶ 식사를 거르지 마. ▷ Don't _____ your _____.

▶ 세 끼 식사를 규칙적으로 하세요. ▷ Eat three _____ _____.

▶ 규칙적인 운동이 너에게 도움이 될 거야. ▷ _____ _____ could help you.

▶ 운동은 당신에게 자신감을 안겨줄 거예요. ▷ _____ gives you _____.

▶ 신뢰가 회복되어야 합니다. ▷ _____ has to be _____.

▶ 정부가 경제를 되살렸다. ▷ The government _____ the _____.

▶ 중국의 경제가 호전되었다. ▷ China's _____ _____.

▶ 내 영어실력이 차츰 좋아지고 있어. ▷ My English is _____ _____.

▶ 그의 눈은 차츰 빛에 적응해 갔다. ▷ His eyes _____ _____ to the light.

▶ 방 온도 조절은 어떻게 하지요? ▷ How do I _____ the room _____?

▶ 기온이 뚝 떨어졌어. ▷ The _____ has _____.

▶ 그는 고통으로 총을 떨어뜨렸다. ▷ He _____ his gun in _____.

▶ 그녀는 고통으로 비명을 질렀다. ▷ She _____ in _____.

defect
▼
▼
recently

▶defect ▶▶recently

아주 작은 차이

어떤 제품을 막론하고 명품을 가르는 기준은 아주 미세한 차이에서 비롯된다고 한다.
하지만 그 작은 차이를 만들어내는 요소는 매우 다양해서 디자인에서 품질, AS에 이르기까지 제품을 구성하는 모든 영역에 존재한다고 할 수 있다.
부분적인 차이는 무척 미세하지만, 그 모든 것들이 하나의 제품을 이루었을 때, 소비자들은 그것을 매우 큰 차이로 인식하게 되는 것이다.
영어공부도 마찬가지이다.
이 책을 접하는 하루 30분은 24시간 중 1/48에 불과하지만 차곡차곡 쌓여가다 보면 엄청난 실력향상으로 이어지게 될 것이다.
명품은 아주 작은 차이에서 비롯된다는 것, 그리고 오랜 기간에 걸쳐 만들어지는 이미지라는 것을 잊지 말자.

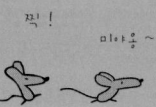

DAY 23 일차

DAY 23

예문을 보고 단어의 의미를
추측해보자.

1 defect [dífekt]
What about serious defects?

2 vision [víʒən]
The kid has defective vision.

3 correct [kərékt]
I need to correct my vision.

4 error [érər]
Correct the errors.

5 discover [diskʌ́vər]
I discovered the error.

6 secret [sí:krit]
He discovered my secret.

7 agent [éidʒənt]
She is a secret agent.

8 contact [kántækt, kɔ́n-]
Please contact our agent.

9 directly [diréktli, dai-]
Contact me directly.

10 sell [sel]
I sold the book directly.

11 separate [sépərèit]
We sell them separately.

12 parent [pέərənt]
My parents separated.

13 strict [strikt]
His parents were very strict.

14 vegetarian [vèdʒətέəriən]
She's a strict vegetarian.

15 recently [rí:səntli]
She's recently become vegetarian.

DAY 23

영영풀이를 천천히 읽어보며 의미를 추측해보자.

1. a fault in someone or something | 형용사 defective |

2. the ability to see

3. to show or tell someone that something is wrong and to make it right

4. a mistake, especially one that can cause problems

5. to find out something that you did not know before

6. something that you tell no one about or only a few people

7. someone whose job is to deal with business for someone else

8. to communicate with someone by telephoning them or sending them a letter, email, etc

9. exactly or immediately

10. to exchange something for money

11. not affecting or related to each other | 부사 separately |

12. a mother or father

13. who is strict has definite rules that they expect people to obey completely

14. someone who chooses not to eat meat or fish

15. at a time that was not long ago

DAY 23
앞에서 추측한 내용을
직접 확인해보자.

1. 결점, 결함

2. 시력, 시각

3. 옳은, 정확한; 교정하다, 바로잡다

4. 잘못, 실수, 틀림

5. 발견하다   *discovery 발견*

6. 비밀의, 비밀

7. 대리인, 요원

8. 접촉, 연락; 접촉하다, 연락하다

9. 직접, 곧, 즉시

10. 팔다

11. 분리하다, 떼어놓다, 갈라지다

best seller 단기간에 많이 팔린 책
steady seller 꾸준히 오랜 기간에 걸쳐 팔리는 책
steady – 한결같은, 견고한

12. 아버지 또는 어머니

13. 엄격한, 엄한

14. 채식주의자   *vegetable 야채*

15. 최근, 바로 얼마 전

DAY 23

눈으로만 확인하면 아무 소용이 없다.
큰 소리로 읽어보자!

심각한 결함은 어떻게 하지요?	▶ What about serious defects?
그 아이는 눈이 나쁘다.	▶ The kid has defective vision.
나는 시력을 교정해야 해.	▶ I need to correct my vision.
잘못된 것을 고치세요.	▶ Correct the errors.
나는 잘못된 부분을 발견했다.	▶ I discovered the error.
그는 내 비밀을 밝혀냈다.	▶ He discovered my secret.
그녀는 비밀요원입니다.	▶ She is a secret agent.
우리 대리인과 연락해 주세요.	▶ Please contact our agent.
직접 저에게 연락해 주세요.	▶ Contact me directly.
나는 그 책을 직접 팔았다.	▶ I sold the book directly.
낱개로 판매합니다.	▶ We sell them separately.
부모님이 이혼하셨다. (갈라섰다)	▶ My parents separated.
그의 부모님은 매우 엄격하셨다.	▶ His parents were very strict.
그녀는 엄격한 채식주의자야.	▶ She's a strict vegetarian.
그녀는 최근에 채식주의자가 되었어.	▶ She's recently become vegetarian.

DAY 23

영작을 하고 있다는 기분으로 빈 칸을 채워보자.
연습문제

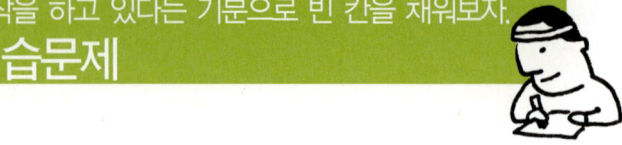

▶ 심각한 결함은 어떻게 하지요? ▷ What about _____ _____ ?

▶ 그 아이는 눈이 나쁘다. ▷ The kid has _____ _____ .

▶ 나는 시력을 교정해야 해. ▷ I need to _____ my _____ .

▶ 잘못된 것을 고치세요. ▷ _____ the _____ .

▶ 나는 잘못된 부분을 발견했다. ▷ I _____ the _____ .

▶ 그는 내 비밀을 밝혀냈다. ▷ He _____ my _____ .

▶ 그녀는 비밀요원입니다. ▷ She is a _____ _____ .

▶ 우리 대리인과 연락해 주세요. ▷ Please _____ our _____ .

▶ 직접 저에게 연락해 주세요. ▷ _____ me _____ .

▶ 나는 그 책을 직접 팔았다. ▷ I _____ the book _____ .

▶ 낱개로 판매합니다. ▷ We _____ them _____ .

▶ 부모님이 이혼하셨다.(갈라섰다) ▷ My _____ _____ .

▶ 그의 부모님은 매우 엄격하셨다. ▷ His _____ were very _____ .

▶ 그녀는 엄격한 채식주의자야. ▷ She's a _____ _____ .

▶ 그녀는 최근에 채식주의자가 되었어. ▷ She's _____ become _____ .

DAY 23

이건 **복습**이다.
저번 시간에 했던 내용을 잘 **떠올려보자.**

- 그들은 흥분해서 소리를 질렀다. ▷ They _____ in _____.

- 모든 흥분이 사라진다. ▷ All the _____ _____.

- 모든 것이 연기처럼 사라졌다. ▷ Everything _____ into _____.

- 이곳에서는 담배를 피울 수가 없습니다. ▷ You are not _____ to _____ in here.

- 그녀는 내가 여기에 머무르는 것을 허락했다. ▷ She _____ me to _____ here.

- 체류 기간을 연장하고 싶습니다. ▷ I'd like to _____ my _____.

- 나는 계약 기간을 연장했다. ▷ I _____ the contract _____.

- 보증 기간은 3년입니다. ▷ The _____ _____ is 3 years.

- 우리는 수색영장을 가지고 있었다. ▷ We had a _____ _____.

- 나는 기회를 찾고 있어요. ▷ I'm _____ for the _____.

- 기회가 도둑을 만든다. (견물생심) ▷ _____ makes a _____.

- 그 경찰은 도둑을 쫓았다. ▷ The policeman _____ after the _____.

- 수비수가 공을 쫓아갔다. ▷ The _____ _____ the ball.

- 공격이 최선의 방어. ▷ _____ is the best _____.

- 해킹은 중대한 범죄이다. ▷ Hacking is a _____ _____.

promotion
▼
▼
lawyer

▶promotion ▶▶lawyer

사라지지 않을 것들

집집마다 보급된 초고속 인터넷의 영향으로 인해 음반과 만화업계가 큰 피해를 보고 있다고 한다.
각종 P2P 프로그램을 이용하면 굳이 음반이나 만화책을 구입하지 않더라도 얼마든지 공짜로 접할 수 있는 길이 있기 때문이다.
아날로그에서 디지털로 넘어가는 과도기이기 때문이라고 분석하는 이들이 있기도 하지만, 계속되는 경제 불황으로 인해 그 미래는 누구도 낙관할 수는 없다고 한다.
하지만 이런 엔터테인먼트 산업 붕괴의 위기감 속에서도 모든 이들이 공감하는 것이 있다면, 인류가 존재하는 한 음악이나 만화는 결코 지구상에서 사라지지 않을 거라는 사실이다.
그렇다면 영어는 어떨까?
날이 갈수록 학습방법론이 발달하게 되고, 아무리 뛰어난 멀티미디어 기기들이 활용된다고 해도, 영어실력을 높이기 위해 많이 읽고, 말하고, 써야 한다는 사실에는 변함이 없을 것이다.
기본을 이루는 것들은 결코 변하지 않는 법이다.

DAY 24 일차

DAY 24

예문을 보고 단어의 의미를
추측해보자.

1. **promotion** [prəmóuʃən]
   I recently got a promotion.

2. **congratulation** [kəngrætʃəléiʃən]
   Congratulations on your promotion!

3. **graduation** [grædʒuéiʃən]
   Congratulations on your graduation!

4. **certificate** [sərtífəkit]
   Bring your graduation certificate.

5. **birth** [bə:rθ]
   He showed me a birth certificate.

6. **poet** [póuit]
   She is a poet by birth.

7. **favorite** [féivərit]
   Who's your favorite poet?

8. **composer** [kəmpóuzər]
   He is my favorite composer.

9. **outstanding** [àutstǽndiŋ]
   Beethoven is an outstanding composer.

10. **appeal** [əpí:l]
    He doesn't have any outstanding appeal.

11. **novel** [nάvəl, nɔ́v-]
    His novels appeal to old people.

12. **recommend** [rèkəménd]
    He recommended me a novel.

13. **manual** [mǽnjuəl]
    We recommend this manual.

14. **consult** [kənsΛlt]
    Consult the computer manual.

15. **lawyer** [lɔ́:jər]
    He consulted with his lawyer.

DAY 24

영영풀이를 **천천히 읽어보며** 의미를 추측해보자.

1. a move to a higher level in a company, institution, or sport

2. something that you say when you want to congratulate someone

3. when you receive your degree for completing your education

4. an official document or record stating that particular facts are true

5. the occasion of a baby being born

6. a person who writes poems

7. the person or thing that you like best

8. someone who writes music, especially classical music

9. excellent and much better than most

10. a quality that makes something or somebody attractive or interesting

11. a book that tells a story about imaginary people and events

12. to advise someone that something should be done

13. a book that tells you how to use something or do something

14. to go to a particular person or book to get information

15. someone whose job is to understand the law and deal with legal situations

DAY 24

앞에서 추측한 내용을
직접 확인해보자.

1. 승진, 진급

2. 축하

3. 졸업

4. 증명서

5. 출생, 탄생

6. 시인

> 여성시인을 가리켜 poetess라고 하기도 하나, 성차별적인 단어라고 해서 최근에는 poet으로 통합해서 부르는 추세이다.
> 시 poem

7. 마음에 드는 것, 좋아하는 것

8. 작곡가

9. 걸출한, 눈에 띄는

10. 매력, 호소하다

11. 소설

12. 추천하다

13. 설명서, 입문서

> 영어에서는 기계에 의존하지 않고 사람이 직접 작동하는 것을 manual이라고 표현한다.
> 자동차의 스틱기어 manual transmission
> 오토메틱 기어 automatic transmission

14. ~의 의견을 듣다, ~의 충고를 구하다

15. 법률가; 변호사

DAY 24

눈으로만 확인하면 아무 소용이 없다.
큰 소리로 읽어보자!

나 최근에 승진했어.	▶ I recently got a promotion.
승진 축하해요!	▶ Congratulations on your promotion!
졸업을 축하해요!	▶ Congratulations on your graduation!
졸업장을 가지고 오세요.	▶ Bring your graduation certificate.
그는 나에게 출생증명서를 보여 줬다.	▶ He showed me a birth certificate.
그녀는 타고난 시인이다.	▶ She is a poet by birth.
좋아하는 시인이 누구예요?	▶ Who's your favorite poet?
그는 내가 좋아하는 작곡가야.	▶ He is my favorite composer.
베토벤은 뛰어난 작곡가야.	▶ Beethoven is an outstanding composer.
그는 특출한 매력이 없어.	▶ He doesn't have any outstanding appeal.
그의 소설은 나이든 사람들에게 인기다.	▶ His novels appeal to old people.
그가 나에게 소설 한 권을 추천해 줬다.	▶ He recommended me a novel.
우리는 이 안내책자를 추천합니다.	▶ We recommend this manual.
컴퓨터 설명서를 참고하세요.	▶ Consult the computer manual.
그는 자신의 변호사와 상의했다.	▶ He consulted with his lawyer.

DAY 24 연습문제
영작을 하고 있다는 기분으로 빈 칸을 채워보자.

▶ 나 최근에 승진했어. ▷ I _____ got a _____ .

▶ 승진축하해요! ▷ _____ on your _____ !

▶ 졸업을 축하해요! ▷ _____ on your _____ !

▶ 졸업장을 가지고 오세요. ▷ Bring your _____ _____ .

▶ 그는 나에게 출생증명서를 보여줬다. ▷ He showed me a _____ _____ .

▶ 그녀는 타고난 시인이다. ▷ She is a _____ by _____ .

▶ 좋아하는 시인이 누구예요? ▷ Who's your _____ _____ ?

▶ 그는 내가 좋아하는 작곡가야. ▷ He is my _____ _____ .

▶ 베토벤은 뛰어난 작곡가야. ▷ Beethoven is an _____ _____ .

▶ 그는 특출한 매력이 없어. ▷ He doesn't have any _____ _____ .

▶ 그의 소설은 나이든 사람들에게 인기다. ▷ His _____ _____ to old people.

▶ 그가 나에게 소설 한 권을 추천해 줬다. ▷ He _____ me a _____ .

▶ 우리는 이 안내책자를 추천합니다. ▷ We _____ this _____ .

▶ 컴퓨터 설명서를 참고하세요. ▷ _____ the computer _____ .

▶ 그는 자신의 변호사와 상의했다. ▷ He _____ with his _____ .

DAY 24

이건 **복습**이다.
저번 시간에 했던 내용을 잘 **떠올려보자.**

▶ 심각한 결함은 어떻게 하지요? ▷ What about _____ _____ ?

▶ 그 아이는 눈이 나쁘다. ▷ The kid has _____ _____ .

▶ 나는 시력을 교정해야 해. ▷ I need to _____ my _____ .

▶ 잘못된 것을 고치세요. ▷ _____ the _____ .

▶ 나는 잘못된 부분을 발견했다. ▷ I _____ the _____ .

▶ 그는 내 비밀을 밝혀냈다. ▷ He _____ my _____ .

▶ 그녀는 비밀요원입니다. ▷ She is a _____ _____ .

▶ 우리 대리인과 연락해 주세요. ▷ Please _____ our _____ .

▶ 직접 저에게 연락해주세요. ▷ _____ me _____ .

▶ 나는 그 책을 직접 팔았다. ▷ I _____ the book _____ .

▶ 낱개로 판매합니다. ▷ We _____ them _____ .

▶ 부모님이 이혼하셨다. (갈라섰다) ▷ My _____ _____ .

▶ 그의 부모님은 매우 엄격하셨다. ▷ His _____ were very _____ .

▶ 그녀는 엄격한 채식주의자야. ▷ She's a _____ _____ .

▶ 그녀는 최근에 채식주의자가 되었어. ▷ She's _____ become _____ .

anxious
▼
▼
type

▶anxious ▶▶type

우리말의 중요성

나는 영어를 비롯한 외국어를 공부하기 전에 반드시 갖추어야 할 자격이 있다고 생각한다.
그건 바로 우리말에 능통해야 한다는 것이다.
다른 사람들에게 자기 의사를 우리말로 조리 있게 전달하지 못하는 사람이 외국어를 유창하게 구사하는 것이 과연 가능할까?
우리말에 능통한 사람이 영어에 대한 이해도도 더 높은 법이다. 영어도 결국은 하나의 언어에 불과하기 때문이다.
영어가 아무리 중요하다 해도 결코 우리말을 소홀히 여기지 말자.

DAY 25 일차

DAY 25

예문을 보고 단어의 의미를 **추측해보자.**

1 anxious [ǽŋkʃəs]
I'm anxious about my health.

2 exchange [ikstʃéindʒ]
They exchanged anxious expressions.

3 policy [páləsi, pɔ́l-]
What is your exchange policy?

4 company [kʌ́mpəni]
This is a company policy.

5 employ [emplɔ́i]
Our company employs 200 people.

6 foreigner [fɔ́(:)rinər, fár-]
Our company does not employ foreigners.

7 attack [ətǽk]
He attacked the foreigner.

8 chemical [kémikəl]
There were chemical attacks.

9 reaction [riːǽkʃən]
What is a chemical reaction?

10 allergic [ələ́ːrdʒik]
It was an allergic reaction to flowers.

11 dust [dʌst]
I'm allergic to house dust.

12 remove [rimúːv]
I removed the dust.

13 stain [stein]
I need to remove stains.

14 blood [blʌd]
The shirt was stained with blood.

15 type [taip]
What's your blood type?

DAY 25

영영풀이를 **천천히 읽어보며** 의미를 추측해보자.

1. worried because you think something bad might happen

2. to give something to someone and receive something similar from them

3. a set of ideas or a plan of what to do in particular situations

4. an organization which sells goods or services

5. If a person or company employs someone, they pay that person to work for them.

6. someone who comes from another country

7. to use violence to hurt or damage someone or something

8. basic substance that is used in chemistry

9. something you say, feel, or do because of something that has happened

10. caused by an allergy

11. very small pieces of dry sand that are like powder

12. to take something away

13. a dirty mark on something that is difficult to remove

14. the red liquid that flows around your body

15. a person or thing that is part of a group have similar qualities

DAY 25

앞에서 추측한 내용을
직접 확인해보자.

1. 걱정하여, 염려하여

2. 교환하다, 바꾸다

3. 정책, 방침

4. 회사

5. 쓰다, 고용하다

   종업원 employee
   고용주 employer

6. 외국인

7. 공격하다, 비난하다

8. 화학의, 화학적인

9. 반응

10. 알레르기의, 질색인

    ★ 우리가 흔히 알레르기라고 발음하는 것
    과 상당한 차이가 있으니 유의!

11. 먼지, 티끌

12. 제거하다, 없애다

13. 얼룩, 점

14. 피

15. 타입, 유형

DAY 25

눈으로만 확인하면 아무 소용이 없다.
큰 소리로 읽어보자!

나의 건강이 걱정스럽다.	▶ I'm anxious about my health.
그들은 걱정스런 표정을 주고 받았다.	▶ They exchanged anxious expressions.
교환 정책이 어떻게 되죠?	▶ What is your exchange policy?
그건 회사 방침입니다.	▶ This is a company policy.
우리 회사는 200명을 고용하고 있습니다.	▶ Our company employs 200 people.
우리 회사는 외국인을 고용하지 않습니다.	▶ Our company does not employ foreigners.
그는 그 외국인을 공격했다.	▶ He attacked the foreigner.
화학 공격이 있었다.	▶ There were chemical attacks.
화학 반응이 뭐야?	▶ What is a chemical reaction?
그건 꽃에 대한 알레르기 반응이었어요.	▶ It was an allergic reaction to flowers.
나는 집 먼지에 알레르기가 있어.	▶ I'm allergic to house dust.
나는 먼지를 털어냈다(제거했다).	▶ I removed the dust.
얼룩을 지워야겠어.	▶ I need to remove stains.
그 셔츠는 피로 얼룩져 있었다.	▶ The shirt was stained with blood.
혈액형이 뭐예요?	▶ What's your blood type?

DAY 25 연습문제

영작을 하고 있다는 기분으로 빈 칸을 채워보자.

- 나의 건강이 걱정스럽다. ▷ I'm _____ about my _____.
- 그들은 걱정스런 표정을 주고 받았다. ▷ They _____ _____ expressions.
- 교환 정책이 어떻게 되죠? ▷ What is your _____ _____?
- 그건 회사 방침입니다. ▷ This is a _____ _____.
- 우리 회사는 200명을 고용하고 있습니다. ▷ Our _____ _____ 200 people.
- 우리 회사는 외국인을 고용하지 않습니다. ▷ Our company does not _____ _____.
- 그는 그 외국인을 공격했다. ▷ He _____ the _____.
- 화학 공격이 있었다. ▷ There were _____ _____.
- 화학 반응이 뭐야? ▷ What is a _____ _____?
- 그건 꽃에 대한 알레르기 반응이었어요. ▷ It was an _____ _____ to flowers.
- 나는 집 먼지에 알레르기가 있어. ▷ I'm _____ to house _____.
- 나는 먼지를 털어냈다(제거했다). ▷ I _____ the _____.
- 얼룩을 지워야겠어. ▷ I need to _____ _____.
- 그 셔츠는 피로 얼룩져 있었다. ▷ The shirt was _____ with _____.
- 혈액형이 뭐예요? ▷ What's your _____ _____?

DAY 25

이건 **복습**이다.
저번 시간에 했던 내용을 잘 **떠올려보자.**

- ▶ 나 최근에 승진했어. ▷ I _____ got a _____.

- ▶ 승진 축하해요! ▷ _____ on your _____!

- ▶ 졸업을 축하해요! ▷ _____ on your _____!

- ▶ 졸업장을 가지고 오세요. ▷ Bring your _____ _____.

- ▶ 그는 나에게 출생증명서를 보여줬다. ▷ He showed me a _____ _____.

- ▶ 그녀는 타고난 시인이다. ▷ She is a _____ by _____.

- ▶ 좋아하는 시인이 누구예요? ▷ Who's your _____ _____.

- ▶ 그는 내가 좋아하는 작곡가야. ▷ He is my _____ _____.

- ▶ 베토벤은 뛰어난 작곡가야. ▷ Beethoven is an _____ _____.

- ▶ 그는 특출한 매력이 없어. ▷ He doesn't have any _____ _____.

- ▶ 그의 소설은 나이든 사람들에게 인기다. ▷ His _____ _____ to old people.

- ▶ 그가 나에게 소설 한 권을 추천해 줬다. ▷ He _____ me a _____.

- ▶ 우리는 이 안내책자를 추천합니다. ▷ We _____ this _____.

- ▶ 컴퓨터 설명서를 참고하세요. ▷ _____ the computer _____.

- ▶ 그는 자신의 변호사와 상의했다. ▷ He _____ with his _____.

divide

▼
▼

chance

▶divide ▶▶chance

진정한 어휘력이란?

말을 잘하는 사람은 뭐가 달라도 다르다. 같은 내용의 말을 하더라도 남들과는 다른 호소력이 담겨 있기 때문에 듣는 사람들을 울리기도, 웃기기도 하는 것이다.
그 호소력은 어디에서 나오는 걸까? 말하는 사람의 감정이나 분위기에서도 영향을 받겠지만 가장 중요한건 뭐니뭐니 해도 어휘력이다.
하지만 남들보다 어려운 단어를 많이 알고 있다고 해서 호소력이 뛰어나다고 할 수는 없을 것이다. 대중적인 호소력을 갖추기 위해서는 누구나 쉽게 이해할 수 있는 간결한 표현을 사용하는 것이 우선이기 때문이다.
진정한 어휘력이란, 자신이 하고 싶은 말을 보다 쉽게 활용하는 능력이 아닐까?
이 책은 진정한 어휘력을 키우기 위해 만들어진 책이다. 쉬운 단어가 나오더라도 가볍게 넘기지 말고, 그 단어가 포함된 예문을 어디서든 써먹을 수 있도록 확실히 익혀 놓도록 하자. 물론 눈이 아닌 입으로!

DAY 26 일차

DAY 26

예문을 보고 단어의 의미를 **추측해보자.**

1. **divide** [diváid]
   It divides into two types.

2. **section** [sékʃən]
   The book is divided into six sections.

3. **dairy** [déəri]
   Where's the dairy section?

4. **industry** [índəstri]
   The dairy industry is important.

5. **publish** [pʌ́bliʃ]
   I'm in the publishing industry.

6. **forbid** [fərbíd]
   I forbid to publish the book.

7. **leave** [li:v]
   He was forbidden to leave the house.

8. **immediately** [imí:diətli]
   He left immediately.

9. **respond** [rispánd, -spɔ́nd]
   Can we respond immediately?

10. **decide** [disáid]
    We decide not to respond.

11. **wear** [wɛər]
    She didn't decide what to wear.

12. **perfume** [pə́:rfju:m, pərfjú:m]
    What kind of perfume are you wearing?

13. **sniff** [snif]
    She sniffed the perfume.

14. **blow** [blou]
    Stop sniffing and blow your nose.

15. **chance** [tʃæns, tʃɑ:ns]
    We've blown our chances.

DAY 26

영영풀이를 **천천히 읽어보며** 의미를 추측해보자.

1. to separate people or things into smaller groups or parts

2. one of the parts that something is divided into

3. a place where milk is stored and cream and cheese are made

4. the production of goods in factories

5. to produce many copies of a book, magazine, or newspaper

6. to order someone not to do something

7. to go away from a place

8. very quickly and without delay

9. to react to something by taking a particular course of action

10. to make a choice about what you are going to do

11. to have a piece of clothing, jewellery, etc on your body

12. a liquid with a pleasant smell that women put on their skin

13. to breathe air in through your nose in order to smell something

14. to force air out of your mouth or nose

15. the opportunity to do something

DAY 26
앞에서 추측한 내용을
직접 확인해보자.

1. 나누다, 가르다, 분류하다

2. 구역, 구간

3. 낙농업

   ★ 일기장을 뜻하는 diary와 철자를 헷갈리지 않도록 주의!

4. 공업, 산업

5. 출판하다

6. 금하다, 허락하지 않다

   Forbidden fruit is sweet.
   직역하면 '금단의 과일은 달콤하다'라는 뜻으로 하지 말라는 건 더 하고 싶어지는 사람의 심리를 잘 표현한 격언이다. 성경에서 아담과 이브가 선악과를 따먹은 것에서 유래.
   forbidden – forbid의 과거분사

7. 떠나다

8. 즉시, 곧

9. 응답하다, 대답하다

10. 결정하다

    decision 결정

11. (옷을) 입다, (향수를) 바르다

12. 향수

13. 냄새를 맡다, 코를 킁킁거리다

14. 코를 풀다, (기회를) 날려버리다

15. 우연, 기회

DAY 26

눈으로만 확인하면 아무 소용이 없다.
큰 소리로 읽어보자!

그것은 두 개의 형태로 나뉜다.	▶ It divides into two types.
이 책은 여섯 부분으로 나뉜다.	▶ The book is divided into six sections.
유제품 매장은 어디죠?	▶ Where's the dairy section?
낙농산업은 중요하다.	▶ The dairy industry is important.
출판업에 종사하고 있습니다.	▶ I'm in the publishing industry.
나는 그 책 출판하는 것을 금지한다.	▶ I forbid to publish the book.
그는 집을 나가는 것이 금지되어 있었다.	▶ He was forbidden to leave the house.
그는 바로 떠났다.	▶ He left immediately.
우리가 즉시 응답해야 하나요?	▶ Can we respond immediately?
우리는 응답하지 않기로 결정했다.	▶ We decide not to respond.
그녀는 무슨 옷을 입을 지 결정하지 못했다.	▶ She didn't decide what to wear.
무슨 향수를 쓰니?	▶ What kind of perfume are you wearing?
그녀는 그 향수 냄새를 맡았다.	▶ She sniffed the perfume.
훌쩍거리지 말고 코 풀어.	▶ Stop sniffing and blow your nose.
우리는 기회를 날려버렸다.	▶ We've blown our chances.

DAY 26

영작을 하고 있다는 기분으로 빈 칸을 채워보자.
연습문제

▶ 그것은 두 개의 형태로 나뉜다. ▷ It _____ into two _____.

▶ 이 책은 여섯 부분으로 나뉜다. ▷ The book is _____ into six _____.

▶ 유제품 매장은 어디죠? ▷ Where's the _____ _____?

▶ 낙농산업은 중요하다. ▷ The _____ _____ is important.

▶ 출판업에 종사하고 있습니다. ▷ I'm in the _____ _____.

▶ 나는 그 책 출판하는 것을 금지한다. ▷ I _____ to _____ the book.

▶ 그는 집을 나가는 것이 금지되어 있었다. ▷ He was _____ to _____ the house.

▶ 그는 바로 떠났다. ▷ He _____ _____.

▶ 우리가 즉시 응답해야 하나요? ▷ Can we _____ _____?

▶ 우리는 응답하지 않기로 결정했다. ▷ We _____ not to _____.

▶ 그녀는 무슨 옷을 입을 지 결정하지 못했다. ▷ She didn't _____ what to _____.

▶ 무슨 향수를 쓰니? ▷ What kind of _____ are you _____?

▶ 그녀는 그 향수 냄새를 맡았다. ▷ She _____ the _____.

▶ 훌쩍거리지 말고 코 풀어. ▷ Stop _____ and _____ your nose.

▶ 우리는 기회를 날려버렸다. ▷ We've _____ our _____.

218 3030 말하는 영단어장

DAY 26

이건 **복습**이다.
저번 시간에 했던 내용을 잘 **떠올려보자.**

- ▶ 나의 건강이 걱정스럽다. ▷ I'm _____ about my _____.

- ▶ 그들은 걱정스런 표정을 주고 받았다. ▷ They _____ _____ expressions.

- ▶ 교환 정책이 어떻게 되죠? ▷ What is your _____ _____?

- ▶ 그건 회사 방침입니다. ▷ This is a _____ _____.

- ▶ 우리 회사는 200명을 고용하고 있습니다. ▷ Our _____ _____ 200 people.

- ▶ 우리 회사는 외국인을 고용하지 않습니다. ▷ Our company does not _____ _____.

- ▶ 그는 그 외국인을 공격했다. ▷ He _____ the _____.

- ▶ 화학 공격이 있었다. ▷ There were _____ _____.

- ▶ 화학 반응이 뭐야? ▷ What is a _____ _____?

- ▶ 그건 꽃에 대한 알레르기 반응이었어요. ▷ It was an _____ _____ to flowers.

- ▶ 나는 집 먼지에 알레르기 있어. ▷ I'm _____ to house _____.

- ▶ 나는 먼지를 털어냈다(제거했다). ▷ I _____ the _____.

- ▶ 얼룩을 지워야겠어. ▷ I need to _____ _____.

- ▶ 그 셔츠는 피로 얼룩져 있었다. ▷ The shirt was _____ with _____.

- ▶ 혈액형이 뭐예요? ▷ What's your _____ _____?

slight
▼
▼
amuse

▶slight ▶▶amuse

라면 끓이기와 영어

라면 끓이기에서 가장 중요한 건 뭘까?
아마도 타이밍이 아닐까 싶다. 라면을 끓는 물속에 넣는 타이밍, 계란을 넣는 타이밍, 그리고 적당히 익혀 불을 꺼야 하는 타이밍에 이르기까지 자신의 입맛에 맞는 라면을 즐기고자 한다면 결코 타이밍을 놓쳐선 안 된다.
이 책 역시 타이밍을 어떻게 맞추느냐에 따라 학습능률이 천지차이가 될 수 있다. 하지만 라면 끓이기 보다는 훨씬 쉬우니 걱정하지는 말자. 이 책을 공부해야 하는 타이밍은 책을 펼친 바로 지금 이 순간이다. 책을 덮고 다음에 공부를 하려고 마음먹은 순간, 최고의 타이밍은 날아가 버리고 말 것이다.
결코 타이밍을 놓치지 말자.
바로 지금이 최고의 타이밍이다.

DAY 27 일차

DAY 27

예문을 보고 단어의 의미를 **추측해보자.**

1. **slight** [slait]
   There's a slight chance of rain.

2. **fever** [fíːvər]
   You have a slight fever.

3. **rise** [raiz]
   The fever is rising.

4. **chimney** [tʃímni]
   Smoke rises from the chimney.

5. **clean** [kliːn]
   They cleaned the chimney.

6. **trash** [træʃ]
   I cleaned the trash.

7. **throw** [θrou]
   Don't throw trash in the street.

8. **bunch** [bʌntʃ]
   I threw a bunch of flowers.

9. **smart** [smɑːrt]
   I know a bunch of smart people.

10. **amaze** [əméiz]
    It's amazing how smart he is.

11. **ability** [əbíləti]
    I was amazed at his ability.

12. **proud** [praud]
    He was proud of his teaching ability.

13. **honesty** [ánisti, ɔ́n-]
    I am so proud of your honesty.

14. **seem** [siːm]
    She seemed to be honest.

15. **amuse** [əmjúːz]
    He seemed amused.

DAY 27

영영풀이를 천천히 읽어보며 의미를 추측해보자.

1 small and not important

2 when someone's body temperature rises because they are ill

3 to move up

4 a wide pipe that allows smoke from a fire to go out through the roof

5 to remove the dirt from something

6 waste material such as paper, plastic bags, used containers

7 to put something somewhere in a quick and careless way

8 a number of things of the same type which are joined or held together

9 intelligent, or able to think quickly or cleverly in difficult situations

10 to make someone very surprised

11 the physical or mental skill that you need to do something

12 feeling very pleased about something you have done

13 sincere and telling the truth

14 to appear to be a particular thing

15 to make someone smile or laugh

DAY 27

앞에서 추측한 내용을
직접 확인해보자.

1. 약간의, 적은

2. 열, 열병

3. 오르다

4. 굴뚝

5. 깨끗한, 청결한; 청소하다, 말끔히 치우다

6. 쓰레기

7. 던지다, 팽개치다

> **throw in** 축구에서 공이 옆줄 바깥으로 나갔을 때 얻게 되는 '드로잉'

8. 다발, 뭉치

9. 재치있는, 똑똑한

10. 깜짝 놀라게 하다

> 놀이공원을 영어로 amusement park라 한다.

11. 능력, 재능

12. 자랑으로 여기는

13. 정직, 성실

14. ~으로 보이다

15. 즐겁게 하다, 재미있게 하다

DAY 27

눈으로만 확인하면 아무 소용이 없다.
큰 소리로 읽어보자!

비가 올 가능성이 약간 있다.	▶ There's a slight chance of rain.
약간 열이 있네요.	▶ You have a slight fever.
열이 오르고 있어요.	▶ The fever is rising.
연기가 굴뚝에서 올라간다.	▶ Smoke rises from the chimney.
그들은 그 굴뚝을 청소했다.	▶ They cleaned the chimney.
나는 그 쓰레기를 청소했다.	▶ I cleaned the trash.
길거리에 쓰레기를 버리지 마세요.	▶ Don't throw trash in the street.
나는 꽃다발을 던졌다.	▶ I threw a bunch of flowers.
나는 똑똑한 사람들을 많이 알아.	▶ I know a bunch of smart people.
걔가 얼마나 똑똑한지 정말 놀라워.	▶ It's amazing how smart he is.
나는 그의 능력에 매우 놀랐다.	▶ I was amazed at his ability.
그는 가르칠 수 있는 능력을 자랑스러워 했다.	▶ He was proud of his teaching ability.
네가 정직하다는 게 정말 자랑스러워.	▶ I am so proud of your honesty.
그녀는 정직한 것 같았다.	▶ She seemed to be honest.
그는 즐거워 보였다.	▶ He seemed amused.

DAY 27

영작을 하고 있다는 기분으로 빈 칸을 채워보자.
연습문제

- ▶ 비가 올 가능성이 약간 있다. ▷ There's a _____ _____ of rain.

- ▶ 약간 열이 있네요. ▷ You have a _____ _____.

- ▶ 열이 오르고 있어요. ▷ The _____ is _____.

- ▶ 연기가 굴뚝에서 올라간다. ▷ Smoke _____ from the _____.

- ▶ 그들은 그 굴뚝을 청소했다. ▷ They _____ the _____.

- ▶ 나는 그 쓰레기를 청소했다. ▷ I _____ the _____.

- ▶ 길거리에 쓰레기를 버리지 마세요. ▷ Don't _____ _____ in the street.

- ▶ 나는 꽃다발을 던졌다. ▷ I _____ a _____ of flowers.

- ▶ 나는 똑똑한 사람들을 많이 알아. ▷ I know a _____ of _____ people.

- ▶ 걔가 얼마나 똑똑한지 정말 놀라워. ▷ It's _____ how _____ he is.

- ▶ 나는 그의 능력에 매우 놀랐다. ▷ I was _____ at his _____.

- ▶ 그는 가르칠 수 있는 능력을 자랑스러워 했다. ▷ He was _____ of his teaching _____.

- ▶ 네가 정직하다는 게 정말 자랑스러워. ▷ I am so _____ of your _____.

- ▶ 그녀는 정직한 것 같았다. ▷ She _____ to be _____.

- ▶ 그는 즐거워 보였다. ▷ He _____ _____.

DAY 27

이건 **복습**이다.
저번 시간에 했던 내용을 잘 **떠올려보자.**

- ▶ 그것은 두 개의 형태로 나뉜다. ▷ It _____ into two _____.

- ▶ 이 책은 여섯 부분으로 나뉜다. ▷ The book is _____ into six _____.

- ▶ 유제품 매장은 어디죠? ▷ Where's the _____ _____?

- ▶ 낙농산업은 중요하다. ▷ The _____ _____ is important.

- ▶ 출판업에 종사하고 있습니다. ▷ I'm in the _____ _____.

- ▶ 나는 그 책 출판하는 것을 금지한다. ▷ I _____ to _____ the book.

- ▶ 그는 집을 나가는 것이 금지되어 있었다. ▷ He was _____ to _____ the house.

- ▶ 그는 바로 떠났다. ▷ He _____ _____.

- ▶ 우리가 즉시 응답해야 하나요? ▷ Can we _____ _____?

- ▶ 우리는 응답하지 않기로 결정했다. ▷ We _____ not to _____.

- ▶ 그녀는 무슨 옷을 입을 지 결정하지 못했다. ▷ She didn't _____ what to _____.

- ▶ 무슨 향수를 쓰니? ▷ What kind of _____ are you _____?

- ▶ 그녀는 그 향수 냄새를 맡았다. ▷ She _____ the _____.

- ▶ 훌쩍거리지 말고 코 풀어. ▷ Stop _____ and _____ your nose.

- ▶ 우리는 기회를 날려버렸다. ▷ We've _____ our _____.

27일차 **227**

joke
▼
▼
enjoy

▶joke ▶▶enjoy

90%

28, 29, 30 단 3일치 밖에 남지 않았다.
놀랍지 않은가? 여러분은 이 책을 무려 90퍼센트나 소화한 거다.
매일 30분간 꾸준히 예문을 입으로 확인하며 따라왔다면 여러분의 실력도 적립금이 쌓이듯이 차곡차곡 쌓였을 것이다. 결코 무시하지 못할 공부량이다!
자, 이제 끝을 향해 달려가 보자~

DAY 28 일차

DAY 28

예문을 보고 단어의 의미를 **추측해보자.**

1. **joke** [dʒouk]
   This joke would amuse her.

2. **harsh** [hɑːrʃ]
   The joke is too harsh.

3. **criticism** [krítisìzəm]
   The criticism was harsh.

4. **always** [ɔ́ːlweiz, -wiz, -wəz]
   Criticism is always welcome.

5. **excuse** [ikskjúːz]
   You are always making excuses.

6. **straight** [streit]
   Excuse the straight question.

7. **angle** [ǽŋgl]
   This is a straight angle.

8. **internal** [intə́ːrnl]
   That is an internal angle.

9. **organ** [ɔ́ːrgən]
   He looked at my internal organs.

10. **affect** [əfékt]
    Every organ in the body is affected.

11. **friendship** [fréndʃip]
    It affected our friendship.

12. **develop** [divéləp]
    Their friendship developed.

13. **market** [mɑ́ːrkit]
    We developed a new market.

14. **research** [risə́ːrtʃ, ríːsəːrtʃ]
    I did a market research.

15. **enjoy** [endʒɔ́i]
    I enjoy research.

DAY 28

영영풀이를 **천천히 읽어보며** 의미를 추측해보자.

1. something you say or do that is intended to make people laugh

2. cruel, unkind, or unpleasant in a way that seems unfair

3. when you say that something or someone is bad

4. every time, or at all times

5. a reason you give to explain why you have done something bad

6. something that is straight does not bend or curve

7. a space between two lines that meet at one point, which you measure in degrees

8. inside your body, mind, or area, etc

9. a part of your body that does a specific job

10. to influence someone or something

11. a relationship between people who are friends

12. to grow or change and become more advanced

13. the buying and selling of something

14. when someone studies a subject in detail in order to discover new information

15. to get pleasure from something

DAY 28

앞에서 추측한 내용을
직접 확인해보자.

1. 농담, 장난

2. 거친, 사나운

3. 비판, 비난

4. 늘, 언제나

5. 변명, 변명하다, 용서하다

6. 곧은, 일직선의, 직설적인 — straight win 연승

7. 각, 각도, 관점

8. 내부의, 안의 — external 밖의, 외부의

9. 기관

10. ~에게 영향을 주다

11. 우정

12. 발전하다, 진전시키다 — developing country 개발도상국가(발전하고 있는 나라) / developed country 선진국(발전된 나라)

13. 시장

14. 조사, 연구

15. 즐기다

DAY 28

눈으로만 확인하면 아무 소용이 없다.
큰 소리로 읽어보자!

이 농담이 그녀를 즐겁게 할 거야.	▶ This joke would amuse her.
장난이 꽤 심하군.	▶ The joke is too harsh.
그 비판은 혹독했어.	▶ The criticism was harsh.
비판은 언제나 환영이야.	▶ Criticism is always welcome.
당신은 항상 변명을 하는군요.	▶ You are always making excuses.
직설적인 질문을 용서하세요.	▶ Excuse the straight question.
이건 직각(90도)이야.	▶ This is a straight angle.
저건 내각이야.	▶ That is an internal angle.
그는 나의 내장기관을 살펴 봤다.	▶ He looked at my internal organs.
몸에 있는 모든 기관들이 영향을 받았어.	▶ Every organ in the body is affected.
그건 우리의 우정에 영향을 끼쳤어.	▶ It affected our friendship.
그들의 우정이 깊어졌다.	▶ Their friendship developed.
우리는 새로운 시장을 개척했다.	▶ We developed a new market.
나는 시장조사를 했다.	▶ I did a market research.
저는 연구하는 게 좋아요.	▶ I enjoy research.

DAY 28

영작을 하고 있다는 기분으로 빈 칸을 채워보자.
연습문제

▶ 이 농담이 그녀를 즐겁게 할 거야. ▷ This ▭ would ▭ her.

▶ 장난이 꽤 심하군. ▷ The ▭ is too ▭.

▶ 그 비판은 혹독했어. ▷ The ▭ was ▭.

▶ 비판은 언제나 환영이야. ▷ ▭ is ▭ welcome.

▶ 당신은 항상 변명을 하는군요. ▷ You are ▭ making ▭.

▶ 직설적인 질문을 용서하세요. ▷ ▭ the ▭ question.

▶ 이건 직각(90도)이야. ▷ This is a ▭ ▭.

▶ 저건 내각이야. ▷ That is an ▭ ▭.

▶ 그는 나의 내장기관을 살펴 봤어. ▷ He looked at my ▭ ▭.

▶ 몸에 있는 모든 기관들이 영향을 받았어. ▷ Every ▭ in the body is ▭.

▶ 그건 우리의 우정에 영향을 끼쳤어. ▷ It ▭ our ▭.

▶ 그들의 우정이 깊어졌다. ▷ Their ▭ ▭.

▶ 우리는 새로운 시장을 개척했다. ▷ We ▭ a new ▭.

▶ 나는 시장조사를 했다. ▷ I did a ▭ ▭.

▶ 저는 연구하는 게 좋아요. ▷ I ▭ ▭.

DAY 28

이건 **복습**이다.
저번 시간에 했던 내용을 잘 **떠올려보자**.

▶ 비가 올 가능성이 약간 있다. ▷ There's a _____ _____ of rain.

▶ 약간 열이 있네요. ▷ You have a _____ _____.

▶ 열이 오르고 있어요. ▷ The _____ is _____.

▶ 연기가 굴뚝에서 올라간다. ▷ Smoke _____ from the _____.

▶ 그들은 그 굴뚝을 청소했다. ▷ They _____ the _____.

▶ 나는 그 쓰레기를 청소했다. ▷ I _____ the _____.

▶ 길거리에 쓰레기를 버리지 마세요. ▷ Don't _____ _____ in the street.

▶ 나는 꽃다발을 던졌다. ▷ I _____ a _____ of flowers.

▶ 나는 똑똑한 사람들을 많이 알아. ▷ I know a _____ of _____ people.

▶ 걔가 얼마나 똑똑한지 정말 놀라워. ▷ It's _____ how _____ he is.

▶ 나는 그의 능력에 매우 놀랐다. ▷ I was _____ at his _____.

▶ 그는 가르칠 수 있는 능력을 자랑스러워 했다. ▷ He was _____ of his teaching _____.

▶ 네가 정직하다는 게 정말 자랑스러워. ▷ I am so _____ of your _____.

▶ 그녀는 정직한 것 같았다. ▷ She _____ to be _____.

▶ 그는 즐거워 보였다. ▷ He _____ _____.

extreme
▼
▼
satellite

▶extreme ▶▶satellite

마라토너처럼…

42.195km의 긴 거리를 뛰어야 하는 마라토너에게는 마지막까지 자신의 페이스를 일정하게 유지하는 것이 중요하다. 결승점이 가까워졌다고 해서 갑자기 속력을 높이려고 한다면 몸의 균형이 깨어져 자칫 위험한 상황에 처할 수도 있는 것이다.

지금 여러분 중에는 책을 빨리 끝내고 싶은 성급한 마음에 29, 30일치를 지금 한꺼번에 해버리고 싶은 분들이 상당수 존재할 것이다. (안 봐도 안다. 경험상..^^)

이 책을 끝내고 나서 영원히 영어공부에서 손을 떼어 버릴 계획이 아니라면 마지막까지 일정을 지켜주기 바란다.

지금까지 지켜온 페이스를 유지하는 것만큼 중요한 것은 없다.

마라토너처럼 끝까지 일정한 속력을 유지하자.

짝!
미야옹~

DAY 29 일차

DAY 29

예문을 보고 단어의 의미를 **추측해보자.**

1. **extreme** [ikstríːm]
   I enjoy extreme sports.

2. **pain** [pein]
   He was in extreme pain.

3. **chest** [tʃest]
   I have a pain in my chest.

4. **curse** [kəːrs]
   This chest is cursed.

5. **break** [breik]
   The curse is broken.

6. **ankle** [ǽŋkl]
   He broke my ankle!

7. **swell** [swel]
   My ankle is all swollen.

8. **bud** [bʌd]
   The buds are beginning to swell.

9. **burst** [bəːrst]
   The buds were bursting.

10. **fragment** [frǽgmənt]
    The bottle burst into fragments.

11. **bone** [boun]
    There were fragments of bone.

12. **chill** [tʃil]
    I'm chilled to the bone.

13. **serve** [səːrv]
    Chill the wine before serving.

14. **military** [mílitèri, -təri]
    Have you served in the military?

15. **satellite** [sǽtəlàit]
    Military needs more satellites.

DAY 29

영영풀이를 천천히 읽어보며 의미를 추측해보자.

1. very great in degree

2. a feeling when you are hurt or become sick

3. the front of your body between your neck and your waist; box

4. to use magic powers to make bad things happen

5. to damage something

6. the part of your leg that is just above your foot

7. to increase in size

8. a part of a plant that develops into a flower

9. to move somewhere suddenly and forcefully

10. a small piece of something

11. one of the hard pieces that make the structure inside a person

12. to become cold, or to make someone or something become cold

13. to deal with a customer by taking their order, showing or selling them goods, etc

14. relating to the army, navy, or air force

15. a piece of equipment that is sent into space around the Earth

DAY 29
앞에서 추측한 내용을
직접 확인해보자.

1. 극도의, 심한
2. 아픔, 고통   *painkiller* 진통제
3. 가슴, 상자
4. 저주하다, 저주
5. 부러뜨리다, 깨뜨리다, 부수다
6. 발목(wrist-손목)
7. 부풀다
8. 싹, 눈, 봉오리
9. 터지다, (꽃봉오리가) 벌어지다, 폭발하다
10. 조각, 파편
11. 뼈
12. 식히다, 냉각하다
13. (음식을) 차려내다, 주문을 받다, ~에 봉사하다
14. 군, 군대
15. 위성   *satellite city* 위성도시

DAY 29

눈으로만 확인하면 아무 소용이 없다.
큰 소리로 읽어보자!

나는 극한 스포츠를 좋아해.	▶ I enjoy extreme sports.
그는 극한의 고통을 겪고 있었다.	▶ He was in extreme pain.
가슴이 아파요.	▶ I have a pain in my chest.
이 상자는 저주 받았어.	▶ This chest is cursed.
그 저주는 깨졌다.	▶ The curse is broken.
그가 내 발목을 부러뜨렸어!	▶ He broke my ankle!
발목이 퉁퉁 부었어요.	▶ My ankle is all swollen.
꽃봉오리가 부풀기 시작하고 있다.	▶ The buds are beginning to swell.
꽃봉오리들이 터지고 있었다.	▶ The buds were bursting.
그 병이 터져서 산산조각이 났다.	▶ The bottle burst into fragments.
뼛조각들이 있었다.	▶ There were fragments of bone.
뼛속까지 사무치게 추워요.	▶ I'm chilled to the bone.
음식을 차려내기 전에 와인을 차갑게 식혀라.	▶ Chill the wine before serving.
군복무를 하셨나요?	▶ Have you served in the military?
군대는 좀 더 많은 인공위성이 필요하다.	▶ Military needs more satellites.

DAY 29 연습문제

영작을 하고 있다는 기분으로 빈 칸을 채워보자.

- 나는 극한 스포츠를 좋아해. ▷ I _____ _____ sports.

- 그는 극한의 고통을 겪고 있었다. ▷ He was in _____ _____.

- 가슴이 아파요. ▷ I have a _____ in my _____.

- 이 상자는 자주 받았어. ▷ This _____ is _____.

- 그 저주는 깨졌다. ▷ The _____ is _____.

- 그가 내 발목을 부러뜨렸어! ▷ He _____ my _____!

- 발목이 퉁퉁 부었어요. ▷ My _____ is all _____.

- 꽃봉오리가 부풀기 시작하고 있다. ▷ The _____ are beginning to _____.

- 꽃봉오리들이 터지고 있었다. ▷ The _____ were _____.

- 그 병이 터져서 산산조각이 났다. ▷ The bottle _____ into _____.

- 뼛조각들이 있었다. ▷ There were _____ of _____.

- 뼛속까지 사무치게 추워요. ▷ I'm _____ to the _____.

- 음식을 차려내기 전에 와인을 차갑게 식혀라. ▷ _____ the wine before _____.

- 군복무를 하셨나요? ▷ Have you _____ in the _____?

- 군대는 좀 더 많은 인공위성이 필요하다. ▷ _____ needs more _____.

DAY 29

이건 **복습**이다.
저번 시간에 했던 내용을 잘 **떠올려보자.**

- ▶ 이 농담이 그녀를 즐겁게 할 거야. ▷ This _____ would _____ her.

- ▶ 장난이 꽤 심하군. ▷ The _____ is too _____.

- ▶ 그 비판은 혹독했어. ▷ The _____ was _____.

- ▶ 비판은 언제나 환영이야. ▷ _____ is _____ welcome.

- ▶ 당신은 항상 변명을 하는군요. ▷ You are _____ making _____.

- ▶ 직설적인 질문을 용서하세요. ▷ _____ the _____ question.

- ▶ 이건 직각(90도)이야. ▷ This is a _____ _____.

- ▶ 저건 내각이야. ▷ That is an _____ _____.

- ▶ 그는 나의 내장기관을 살펴 봤다. ▷ He looked at my _____ _____.

- ▶ 몸에 있는 모든 기관들이 영향을 받았어. ▷ Every _____ in the body is _____.

- ▶ 그건 우리의 우정에 영향을 끼쳤어. ▷ It _____ our _____.

- ▶ 그들의 우정이 깊어졌다. ▷ Their _____ _____.

- ▶ 우리는 새로운 시장을 개척했다. ▷ We _____ a new _____.

- ▶ 나는 시장조사를 했다. ▷ I did a _____ _____.

- ▶ 저는 연구하는 게 좋아요. ▷ I _____ _____.

29일차 **243**

launch
▼
▼
discrimination

▶launch ▶▶discrimination

독자의 손끝에서 완성되는 책

30일차가 끝나고 나면 이 책에서 전달하고자 하는 내용은 끝이 난다. 이제 나는 여러분들이 해결해야 할 한 가지 과제를 남겨두고자 한다. 이 책의 단어는 448번 discrimination에서 끝을 맺게 된다. 449번과 500번은 여러분을 위해 남겨두었다. 책은 저자의 손끝에서 시작하여 독자의 손끝으로 완성되어야 한다고 생각한다.
discrimination이라는 단어로 시작하는 빈공간은 이제 여러분에게 남겨졌다. 스스로 예문을 만들어 봐도 좋고, 그대로 빈 공간을 남겨두어도 좋다.
어떤 형태로든 이 책은 곧 완성될 것이다.
독자인 바로 당신의 손끝에서.

DAY 30 일차

DAY 30

예문을 보고 단어의 의미를 **추측해보자.**

1. **launch** [lɔ:ntʃ, lɑ:ntʃ]
   North Korea launched a satellite.

2. **balloon** [bəlú:n]
   The balloon was launched.

3. **release** [rilí:s]
   The kid released the balloon.

4. **prison** [prízn]
   The king released him from prison.

5. **escape** [iskéip]
   One man escaped from prison.

6. **poverty** [pávərti, pɔ́v-]
   They are trying to escape poverty.

7. **sin** [sin]
   Poverty is no sin.

8. **confess** [kənfés]
   She confessed her sins.

9. **murder** [mə́:rdər]
   He confessed to the murder.

10. **accuse** [əkjú:z]
    I accused him of murder!

11. **kidnap** [kídnæp]
    He was accused of kidnapping.

12. **victim** [víktim]
    That kid is kidnap victim.

13. **discrimination** [diskrìmənéiʃən]
    They are victims of sex discrimination.

14.

15.

DAY 30

영영풀이를 천천히 읽어보며 의미를 추측해보자.

1. to send a spacecraft or bomb into the sky, or a ship into the water

2. a small colored rubber bag that you fill with air to play with

3. to stop holding someone or something

4. a place where criminals are kept as a punishment

5. to get away from a place where you are in danger

6. when you are very poor

7. something which is against the rules of a religion

8. to admit that you have done something wrong

9. the crime of intentionally killing someone

10. to say that someone has done something bad

11. to take someone away using force, usually to obtain money

12. someone who has suffered the effects of violence, illness, or bad luck

13. when someone is treated unfairly because of their sex, race, etc

14.

15.

DAY 30
앞에서 추측한 내용을
직접 확인해보자.

1. 발사하다, 내보내다

2. 기구, 풍선

3. 풀어주다, 석방하다

4. 교도소, 감옥

5. 달아나다, 탈출하다, 헤어나다

6. 가난, 빈곤

7. 죄, 죄악

> **original sin** 원죄
> 아담과 이브가 에덴동산에서 선악과를 따 먹은 죄가 원죄이다. 성경에 따르면 인류는 태어날 때부터 그 원죄를 지고 태어난다고 한다. 서양사회는 기독교 문화를 근간으로 하기 때문에 알아두면 도움이 된다.

8. 고백하다, 실토하다

9. 살인, 살해하다

10. 고발하다, 고소하다

11. 유괴하다

> **kidnapper** 유괴범
> **ransom** 몸값

12. 희생자, 피해자

13. 구별, 차별

14.

15.

DAY 30

눈으로만 확인하면 아무 소용이 없다.
큰 소리로 읽어보자!

북한이 위성을 발사했다.	▶ North Korea launched a satellite.
그 풍선이 날아 올랐다.	▶ The balloon was launched.
그 아이는 풍선을 날려 보냈다.	▶ The kid released the balloon.
왕은 그를 감옥에서 풀어줬다.	▶ The king released him from prison.
한 사람이 감옥에서 탈출했다.	▶ One man escaped from prison.
그들은 가난을 벗어나려고 노력하고 있다.	▶ They are trying to escape poverty.
가난은 죄가 아니다.	▶ Poverty is no sin.
그녀는 죄를 고백했다.	▶ She confessed her sins.
그는 살인을 시인했다.	▶ He confessed to the murder.
나는 그를 살인으로 고소했어!	▶ I accused him of murder!
그는 유괴죄로 고소 당했어.	▶ He was accused of kidnapping.
저 꼬마아이가 납치 희생자예요.	▶ That kid is kidnap victim.
그들은 성 차별의 피해자들이다.	▶ They are victims of sex discrimination.

DAY 30

영작을 하고 있다는 기분으로 빈 칸을 채워보자.
연습문제

▶ 북한이 위성을 발사했다. ▷ North Korea _____ a _____.

▶ 그 풍선이 날아 올랐다. ▷ The _____ was _____.

▶ 그 아이는 풍선을 날려 보냈다. ▷ The kid _____ the _____.

▶ 왕은 그를 감옥에서 풀어줬다. ▷ The king _____ him from _____.

▶ 한 사람이 감옥에서 탈출했다. ▷ One man _____ from _____.

▶ 그들은 가난을 벗어나려고 노력하고 있다. ▷ They are trying to _____ _____.

▶ 가난은 죄가 아니다. ▷ _____ is no _____.

▶ 그녀는 죄를 고백했다. ▷ She _____ her _____.

▶ 그는 살인을 시인했다. ▷ He _____ to the _____.

▶ 나는 그를 살인으로 고소했어! ▷ I _____ him of _____!

▶ 그는 유괴죄로 고소 당했어. ▷ He was _____ of _____.

▶ 저 꼬마아이가 납치 희생자예요. ▷ That kid is _____ _____.

▶ 그들은 성 차별의 피해자들이다. ▷ They are _____ of sex _____.

▶

▶

DAY 30

이건 **복습**이다.
저번 시간에 했던 내용을 잘 **떠올려보자.**

- ▶ 나는 극한 스포츠를 좋아해. ▷ I _____ _____ sports.

- ▶ 그는 극한의 고통을 겪고 있었다. ▷ He was in _____ _____.

- ▶ 가슴이 아파요. ▷ I have a _____ in my _____.

- ▶ 이 상자는 저주 받았어. ▷ This _____ is _____.

- ▶ 그 저주는 깨졌다. ▷ The _____ is _____.

- ▶ 그가 내 발목을 부러뜨렸어! ▷ He _____ my _____!

- ▶ 발목이 퉁퉁 부었어요. ▷ My _____ is all _____.

- ▶ 꽃봉오리가 부풀기 시작하고 있다. ▷ The _____ are beginning to _____.

- ▶ 꽃봉오리들이 터지고 있었다. ▷ The _____ were _____.

- ▶ 그 병이 터져서 산산조각이 났다. ▷ The bottle _____ into _____.

- ▶ 뼛조각들이 있었다. ▷ There were _____ of _____.

- ▶ 뼛속까지 사무치게 추워요. ▷ I'm _____ to the _____.

- ▶ 음식을 차려내기 전에 와인을 차갑게 식혀라. ▷ _____ the wine before _____.

- ▶ 군복무를 하셨나요? ▷ Have you _____ in the _____?

- ▶ 군대는 좀 더 많은 인공위성이 필요하다. ▷ _____ needs more _____.

마지막 총복습이다.
30일치 단어를 보며 뜻이 기억나는 단어는 박스에 ✓ 해보자

- ☐ merchant
- ☐ deal
- ☐ theme
- ☐ heritage
- ☐ virtue
- ☐ patience
- ☐ conquer
- ☐ weakness
- ☐ exhausted
- ☐ soil
- ☐ insect
- ☐ harmful
- ☐ prove
- ☐ innocence
- ☐ convinced
- ☐ accident
- ☐ traffic
- ☐ interrupt
- ☐ holiday
- ☐ cancel
- ☐ contract
- ☐ valid
- ☐ legal
- ☐ acquire
- ☐ reputation
- ☐ ruin
- ☐ couch
- ☐ lean
- ☐ elbow
- ☐ push
- ☐ mistake
- ☐ occasion
- ☐ fit

- ☐ position
- ☐ temporary
- ☐ treatment
- ☐ dental
- ☐ appointment
- ☐ previous
- ☐ click
- ☐ detail
- ☐ explain
- ☐ decline
- ☐ price
- ☐ range
- ☐ mind
- ☐ slip
- ☐ careful
- ☐ examine
- ☐ equipment
- ☐ prepare
- ☐ presentation
- ☐ exciting
- ☐ moment
- ☐ pause
- ☐ breath
- ☐ deep
- ☐ waist
- ☐ below
- ☐ answer
- ☐ question
- ☐ solve
- ☐ riddle
- ☐ trick
- ☐ trade
- ☐ fair

- ☐ strategy
- ☐ brilliant
- ☐ scholar
- ☐ weird
- ☐ arrest
- ☐ criminal
- ☐ involve
- ☐ athlete
- ☐ talent
- ☐ admire
- ☐ praise
- ☐ deserve
- ☐ mercy
- ☐ infinity
- ☐ universe
- ☐ create
- ☐ according
- ☐ convenience
- ☐ opposite
- ☐ complete
- ☐ agree
- ☐ proposal
- ☐ accept
- ☐ apology
- ☐ owe
- ☐ success
- ☐ failure
- ☐ mathematics
- ☐ major
- ☐ education
- ☐ provide
- ☐ goal
- ☐ achieve

- [ ] sure
- [ ] belong
- [ ] local
- [ ] expensive
- [ ] quite
- [ ] gentle
- [ ] ask
- [ ] autograph
- [ ] rare
- [ ] disease
- [ ] suffer
- [ ] headache
- [ ] medicine
- [ ] stomachache
- [ ] hurt
- [ ] knee
- [ ] sore
- [ ] throat
- [ ] clear
- [ ] absolutely
- [ ] efficient
- [ ] secretary
- [ ] president
- [ ] resign
- [ ] reject
- [ ] offer
- [ ] insurance
- [ ] health
- [ ] trouble
- [ ] colleague
- [ ] decision
- [ ] delay
- [ ] departure
- [ ] forget
- [ ] cousin
- [ ] stare
- [ ] blank
- [ ] fill
- [ ] application
- [ ] loan
- [ ] apply
- [ ] situation
- [ ] analyze
- [ ] ingredient
- [ ] mix
- [ ] poison
- [ ] plant
- [ ] grow
- [ ] baker
- [ ] increase
- [ ] weight
- [ ] average
- [ ] rainfall
- [ ] heavy
- [ ] schedule
- [ ] fix
- [ ] spend
- [ ] vacation
- [ ] destination
- [ ] arrive
- [ ] goods
- [ ] order
- [ ] change
- [ ] refund
- [ ] jewel
- [ ] steal
- [ ] wallet
- [ ] bring
- [ ] receipt
- [ ] keep
- [ ] valuable
- [ ] experience
- [ ] wisdom
- [ ] courage
- [ ] lack
- [ ] knowledge
- [ ] hungry
- [ ] horse
- [ ] whistle
- [ ] referee
- [ ] protest
- [ ] crowd
- [ ] clap
- [ ] delight
- [ ] fountain
- [ ] attract
- [ ] attention
- [ ] bow
- [ ] pray
- [ ] weather
- [ ] forecast
- [ ] incorrect
- [ ] plan
- [ ] against
- [ ] bump
- [ ] gate
- [ ] wrong
- [ ] address
- [ ] current
- [ ] swim
- [ ] struggle
- [ ] existence
- [ ] possibility
- [ ] reply
- [ ] receive
- [ ] scholarship
- [ ] award
- [ ] degree
- [ ] angry
- [ ] reason
- [ ] particular
- [ ] purpose
- [ ] accomplish
- [ ] task
- [ ] charge
- [ ] department
- [ ] sale

- decrease
- influence
- speech
- bored
- death
- scare
- surgeon
- persuade
- customer
- doubt
- result
- matter
- discuss
- salary
- satisfy
- expression
- formal
- college
- professor
- history
- ancient
- expert
- field
- special
- delivery
- send
- invitation
- except
- rule
- obey
- command
- troop
- rush
- entrance
- register
- marriage
- heaven
- fate
- bend

- wire
- connect
- supply
- lake
- stroll
- path
- follow
- advice
- appreciate
- concern
- husband
- divorce
- blame
- government
- property
- private
- attend
- university
- dormitory
- build
- bridge
- burn
- bulb
- hang
- laundry
- soak
- clothes
- fold
- umbrella
- share
- opinion
- professional
- investment
- stock
- shelf
- bottom
- settle
- Jew
- district

- financial
- innovation
- constant
- companion
- travel
- abroad
- often
- skip
- meal
- regular
- exercise
- confidence
- restore
- economy
- improve
- gradually
- adjust
- temperature
- drop
- agony
- scream
- excitement
- vanish
- smoke
- allow
- stay
- extend
- period
- warrant
- search
- opportunity
- thief
- chase
- defense
- offense
- serious
- defect
- vision
- correct

- error
- discover
- secret
- agent
- contact
- directly
- sell
- separate
- parent
- strict
- vegetarian
- recently
- promotion
- congratulation
- graduation
- certificate
- birth
- poet
- favorite
- composer
- outstanding
- appeal
- novel
- recommend
- manual
- consult
- lawyer
- anxious
- exchange
- policy
- company
- employ
- foreigner
- attack
- chemical
- reaction
- allergic
- dust
- remove

- stain
- blood
- type
- divide
- section
- dairy
- industry
- publish
- forbid
- leave
- immediately
- respond
- decide
- wear
- perfume
- sniff
- blow
- chance
- slight
- fever
- rise
- chimney
- clean
- trash
- throw
- bunch
- smart
- amaze
- ability
- proud
- honesty
- seem
- amuse
- joke
- harsh
- criticism
- always
- excuse
- straight

- angle
- interna
- organ
- affect
- friendship
- develop
- market
- research
- enjoy
- extreme
- pain
- chest
- curse
- break
- ankle
- swell
- bud
- burst
- fragment
- bone
- chill
- serve
- military
- satellite
- launch
- balloon
- release
- prison
- escape
- poverty
- sin
- confess
- murder
- accuse
- kidnap
- victim
- discrimination

자신의 양심에 비추어 이 책을 성실하게 끝마치고
내용을 채워 넣었다면(그것이 어떤 것이든)
아래 저자 란의 빈 공간에 자신의 이름을 기입해도 좋다.
당신과 함께 이 책을 완성하게 되어 영광이다.

3030 English 저자 조영민 & _____